地下鉄サリン事件はなぜ防げなかったのか

元警察庁刑事局長 30年後の証言

垣見 隆

手塚和彰　五十嵐浩司　横手拓治　吉田伸八［編著］

朝日新聞出版

巻頭言

手塚和彰（千葉大学名誉教授）

1994年から翌年にかけて、オウム真理教（以下オウム、オウム教団と称する）による大事件が引き起こされ日本社会は震撼した。事件ではサリン（第一次大戦後、ナチスドイツが創出）ほか化学兵器が繰り返し使用され、また、あまりにも稚拙なものながらクーデター計画も伴っており、わが国の犯罪史上まれに見る内容と規模を持ったものであった（クーデターの計画の成否については、手塚・鈴木純訳、クルツィオ・マラパルテ『クーデターの技術』中央公論新社に詳しい）。本書は、このときオウム教団と対峙した警察側の責任者で、当時警察庁刑事局長の垣見隆氏から直接話を聞き取り、記録としてまとめることで成立したものである。

本書が刊行される2025年2月は、オウム事件最大の山場にして事件全体を象徴する地下鉄サリン事件および山梨県上九一色村（当時）の教団施設の大捜索から、ちょうど30年を迎える時点となる。この間さまざまな証言、事件の検証等が公刊されている。そのなかには河野義行『「疑惑」は晴れようとも』（文藝春秋）など、事件の渦中に巻き込まれ人生を大きく変えざるを得なかった人物の真率なる記録もある。これら一面を捉えた書物は注目すべきものが多々あるにせよ、しかし事件全体の流れについては、現在でも未だ明らかではない点が多い。事件を扱った既刊書には、肝心の事実関係ですら推定の域を出ないものも少なくないのである。

その点、今回、警察側の責任者だった垣見氏の証言が一般向けに公刊されることの意義は大きい。垣見氏は警察関係の専門媒体で断片的な説明等を行ったことはあったが、基本的には事件に対して沈黙してきた。本書でも触れた通り、垣見氏にとってはそうせざるを得なかった面もある。しかし、30年という時が経過し、経緯を明確にしておくことは歴史的検証の点でも重要だとの認識から、垣見氏とその旨を話し合ってきた。

事件のあった１９９４から95年は、成長・膨張を続けてきた日本の転換点であった。地下鉄サリン事件が起きた95年初頭には阪神淡路大震災も起きている（１月17日）。これらは、成長と発展を続けていた日本にとって、立ち止まり、おのれの在りようを見つめることを余儀なくさせる契機となったはずである。その意味でオウム事件は、歴史のターニングポイントに引き起こされた出来事として、明らかにするべきところは明らかにしていかなければならないと考える。今回、垣見氏の理解と協力を得て、本書が世に送られることになったことは、同じ時代を生きてきた者として非常に感慨深いものがある。

聞き取りを行った垣見氏については、次のような指摘も可能である。

日本の警察機構は、戦前において内務省のもと一元的に管理されてきたが、戦後改革の結果、日本国憲法により、地方自治の優位のもと各都道府県警の自主と分権に委ねられるようになった。これによって、全国的な立場で刑事犯罪を取り締まる警察庁刑事局の権限等は、きわめて弱いものとなった。憲法上では、「地方公共団体の組織及び運営に関する事項は、地方自治の本旨に基いて、法律でこれを定める」（92条）とされ、全国的な事件への対処をもとにした組織の在りようと運営の方法は、具体的には定かではなかった。こうした状態で警察機構は、全国規模の大事件として、オウム教団と対峙せざるを得なかったのである。警察庁刑事局長は各都道府県警との関係が不分明なままであり、直接に指揮・命令等はできなかった。現在は法律の改正等で一部改善はされたが、オウム事件当時はまだ前段階にあったのである。垣見氏はそうした状態の警察にあって、警察庁刑事局長として事件に対処しなければならなかった。

また一方で、警察はその伝統と継続性から、当時、元内務省の先輩たちがなお一定の影響力を保っていたといわれる。第6代警察庁長官を務めたあと衆議院議員に転じ、田中角栄派閥の影響力を背景に自治大臣、官房長官・副総理を歴任した後藤田正晴氏は、保守政治家にして平和憲法の守護者のように言われているが、内務省出身で、警察の現場に影響力を持つ一面があった。本書のなかでは後藤田氏と垣見氏のやり取りが出てくるが、この背景は指摘しておかねばならない。

戦後の警察庁は、警察行政全般を管轄するという意味で、戦前における内務省警保局に対応する。その警保局はかつて、宗教法人大本の本拠（京都府亀岡）捜査を指揮した。（第二次）大本捜査である。この処置は戦後の日本国憲法からすると、「信教の自由」への侵害にあたる。そこへの批判は60年後に起きた、宗教法人（オウム教団は東京都から宗教法人として認証されていた）に対する捜査の困難さに繋がり、強制捜査を阻む一因となった面は否めない。その困難のなか、捜査を進めなければならなかった垣見氏の立場、警察が教団によるサリンの製造とサリン使用を防げなかった経緯等については、本書で詳しく扱われている。

また本書のなかでは、サリンの製造が山梨のオウムの根拠地で行われていた等、重要情報が早期には警察庁へ集約がされていなかった点をはじめ、それらもまた要因となった警察のオウムによるテロ犯罪対応の遅れや、混乱状況についても、聞き取りによって明らかにされている。これらが重層的に関わりながら、結果として、多くの犠牲者が出た地下鉄サリン事件（1995年3月20日）を招く事態となった。

重要な問題を抱えた警察組織のなかで、捜査当局の頂点にいたのが垣見氏であった。積極捜査を阻むいくつかの要因としては、以上で大枠的に触れたように、オウムが宗教法人であったこと、情報の錯綜と混乱、さらには警察内部にオウム教団の脅威についての意識の差異があったことや捜査情報の漏洩があったこと、強制捜査に対する法的根拠を得るのに難渋したことなどが挙げられる。ほかにも大小さまざまな要因があり、その内実と、それを抱えながらオウム教団と組織をあげて対峙し、ついに教団壊滅へと至らせた警察の動きは、聞き取りで明らかにされている。いずれにせよ多くの制約的状況のもと、責任者として困難な局面に立つことになったのが垣見氏であった点は、改めてここで指摘しておかねばならない。

最後に、筆者として個人的感慨を述べることを許していただきたい。

松本サリン事件でオウム教団の標的になったのは、長野地裁松本支部の宿舎だった。筆者はその地、古くは松本市田町と呼ばれたところ（現在・松本市北深志1丁目）で生を享《う》け、育っている。すぐ西の旧新田町（同）にある河野義行さんのお宅からは、泉の水が湧き出ていて、その「泉下《せんげ》」で、筆者は幼少時、しばしばカニをとったり、オタマジャクシを掬《すく》ったりしていた。その記憶から、松本サリン事件の地は自らの原点に繋がっている。河野氏宅は高山植物研究の魁《さきがけ》だった河野齢蔵《れいぞう》氏（1865年〜1939年）の旧宅であり、現在は河野家から市に寄贈され、高山植物などの博物館になっている。

河野義行氏は94年6月の事件発生以後翌年まで、事件に関与したのではないかと疑われ続けた。その間の捜査の混迷状況はすでに明らかになっており、永田恒治『松本サリン事件』(明石書店)等で様相は描かれている。これによる事件捜査の遅れが、地下鉄サリン事件を招く一因となったことは否めないところだろう。

本書の本編は松本サリン事件への聞き取りからはじまるが、地下鉄サリン事件の先駆けとも言えるような事件の現場と同事件における河野氏への誤った認識は、自身の幼少時の記憶とも関わり、筆者に複雑な感慨を呼び込むものであった。

先ほど触れた警察の組織的な課題は、オウム事件の結果、宗教法人法の改正と警察法などの改正をふまえて一部改善された、とそこへの評価も垣見氏によって語られている。筆者としては、二度とオウム事件のようなことが起きないことを祈念しつつ、本書の上梓を多とするものだ。

なお、本書の成立経過や構成、背景説明、また書誌的な記述については、のちの各編者による文章に譲りたい。ここでは、垣見氏の知友として本書の起点に関わった筆者の立場から、冒頭の一文として掲げる次第である。

はじめに――聞き取りの枠組みと手法

オウム真理教による地下鉄サリン事件（1995年3月20日）は、大都市で化学兵器が使われた初めてのテロで、全世界に大きな衝撃を与えた。死者14人、負傷者6000人以上というのはむろん、日本で最悪のテロ事件である。

化学兵器がテロに使用されたのは前年の松本サリン事件（94年6月27日）も同じで、死者8人、重軽症者約600人が出ている。

この二つの事件に、日本の刑事警察のトップとして相対したのが当時警察庁刑事局長の垣見隆氏だった。事件を受け持つ都道府県警察の情報をまとめ、捜査全体の方向性と態勢を定めて、改めて都道府県警察との調整を行う。いわばオウム捜査の責任者である。

その垣見氏に、この二つの事件を中心に93年9月10日の刑事局長就任から、95年9月8日に警察大学校長に異動するまでの間、どのように一連のオウム事件を捜査し、オウム真理教と対峙したのか、意思決定の過程や考え方、警視庁・道府県警察への指示などをできるだけ詳細に聞き取った。それが本書である。いわば、事件が最悪の様相を示していた2

年間の「オウム対警察」の記録と言える。

聞き取りを行った最大の目的は、地下鉄サリン事件は防げなかったのか、防げたのだとしたらどこで誤ったのか、それを検証することである。

垣見氏の警察大学校長への異動は、実質、地下鉄サリン事件などの責任を問われたものであり、翌年夏には退職勧奨を受け53歳で警察庁を退いた。その後、垣見氏は刑事局長時代のオウム捜査に関し、ほぼ沈黙を貫いてきた。

「ほぼ」というのは、二つの例外があるからである。まず、2012年5月放送のNHKスペシャル「未解決事件 File.02 オウム真理教」で記者のインタビューに応じた。この内容は「初の告白」と銘打って書籍にも収録されている。第二に、警察庁管轄の公益財団法人の研究者による質問に答える形で15年3月発行の学術誌にオウム事件捜査の教訓を語っている。しかし、前者はそう詳しく語っているわけではなく、書籍で8ページ分に過ぎない。後者は内容は濃いが警察関係者か研究者以外が目にすることはまずないだろう。

したがって、この書籍が2年間の「オウム対警察」の全容を、責任者が初めて一般の読者に示すことになる、と意義づけたい。

垣見氏はなぜ、24年になってこうした聞き取りに応じると決めたのか。

それはまず、24年が松本サリン事件から30年、25年が地下鉄サリン事件から30年というそれぞれ節目の年であることが大きい。この節目を機に、刑事局長時代の捜査の詳細を記録に残すよう、聞き取り役の一人である手塚和彰から強い働きかけがあった。手塚とは大学で共に学び、弁護士となってからも交流を続けている。オウム捜査に関しては巷間、さまざまな書籍が出され情報があふれているが、「オウム対警察」に関しては、断片的な情報だったり、不正確だったりするものが少なくなく、垣見氏としても自らの眼で見たオウム捜査の実像を歴史に残す責務を感じたのである。80歳を過ぎたという自らの年齢もまた、後押ししたようだ。

「実像を歴史に残す」とは、なぜ警察がオウム真理教という宗教法人の衣をまとった組織の過激化、テロへの傾斜を事前に察知できなかったのか。また全国で相次いでいたオウム真理教による様々な事件やトラブルを警察がきちんと掬《すく》い上げ、対処していれば、松本サリン事件や地下鉄サリン事件といった大規模なテロを防ぐことができたのではないか。これを検証する作業である。それはまた、こうしたテロが二度と起きないよう、備える作業に他ならない。

聞き取りの基本姿勢として、まず、垣見氏が警察庁刑事局長だった1993年9月からの2年間を中心に、オウム真理教による一連の事案・事件——とりわけ規模の大きかった「松本サリン事件」「地下鉄サリン事件」を中心に据えることとした。さらに、これに先立つ「坂本弁護士一家殺害事件」（89年11月）等も刑事局長時代の動きを中心に聞き取り、また、オウム真理教との関連はまだ解明されていない「國松警察庁長官狙撃事件」（95年3月）も、警察庁の一連の判断や動きに大きく影響したとして取り上げることとした。

聞き取りでは垣見氏の証言を聞き取ることをまず最優先し、証言内容について他の関わっている人物や組織に確認してクロス・チェックをする作業が必要と思われる場合も、これは原則省略することを申し合わせた。まずは垣見氏の証言を残す作業に傾注することを第一にしたいという判断による。こうした作業はさらなる調査、研究に委ねたい。

本書本編（第1章～第9章）は、約15時間に及ぶ聞き取りと、これをフォローした対面、オンライン、文書等による質疑応答の内容から、私たちが歴史の証言として優先的に残したいと判断した部分を、極力証言した原文そのままにまとめたものである。

垣見氏の記憶は極めて鮮明、詳細である。しかも、実に几帳面に整理された膨大な資料やメモを傍らに置き、それらを参照しつつの証言で、その内容は正確なものと判断される。

この証言には、私たちが発した問い、「地下鉄サリン事件はなぜ防げなかったのか？」への答えへと導く貴重な手掛かりがある——そう私たちは信じる。

（五十嵐浩司）

◇　◇　◇

聞き取りには、以下のメンバーが当たった。

手塚和彰・千葉大学名誉教授（労働法）、弁護士

五十嵐浩司・元大妻女子大学教授（ジャーナリズム、国際政治）

横手拓治・淑徳大学教授（出版文化、表現論）

吉田伸八・朝日新聞編集委員（警察庁担当）

また、ＢＣＰ商社「セリングビジョン」取締役社長、岡部秀也も手塚を補佐する形で聞き取りに参加した。

聞き取りの日時、場所などは以下の通りである。

第1回　２０２４年5月17日（金）午後2時〜（約3時間30分）東京・新宿区の宮下・大石法律事務所会議室で

第2回　２０２４年5月24日（金）午後2時〜（約3時間30分）同

第3回　２０２４年6月14日（金）午後2時〜（約3時間15分）同

第4回　2024年6月29日（土）午後2時～（約2時間15分）東京・千代田区の日本倶楽部で
第5回　2024年10月18日（金）午後4時25分～（約2時間30分）東京・新宿区の宮下・大石法律事務所会議室で

このほか、対面による非公式な質疑応答、オンラインでの聞き取りと調整、文書による質問と回答、メール等による質疑応答と調整などを多数回行った。聞き取りは原則オン・ザ・レコードで行い、垣見氏が希望し聞き取り役が同意した部分だけ、オフ・ザ・レコードとした。文書による質問と回答は、オン・ザ・レコードである。

目次

第9章　オウム事件全体の評価②——30年後に振り返る　223

ブックデザイン　柳沼博雅

第1章

松本サリン事件

1994年6月～10月

オウム教団は危険な団体だ——刑事局長がその認識を得るきっかけになったのは、長野県警察本部長からの一本の電話だった。松本サリン事件の捜査が進んだ8月初めである。事態急転と緊迫の日々がはじまる。刑事局では専従班の結成と活動開始、過去の教団事件の再検討等が密かに進められた。

就任時点でのオウムへの認識

——オウム事件から30年が経過します。多くの犠牲者が出たことや被害者を救済できなかったことへの問いかけ、そして、なぜ事件を防ぐことができなかったのかについての問いは、歴史的にも、未だ明確な答えを得ているとは思えません。そのなかで今回、当時の刑事警察のトップであり、警察側で当事者中の当事者といえる垣見さんから、お話を聞く機会を得ました。それではさっそく最初の質問ですが、垣見さんは警察庁で人事課長や長官官房長などを務めたあと、1993（平成5）年9月10日、刑事局長に就任しています。松本サリン事件（94年6月）の前年ですが、すでにこの時点で、オウムに絡んだ、もしくはその疑いがある事案、たとえば坂本堤弁護士一家事件や熊本県波野村（当時）の国土利用計画法違反等事件などが発生していました（事件概要は後述）。オウム教団は90年1月に「真理党」を結成し、衆議院選挙で派手なパフォーマンスもしています（全員落選）。垣見さんが刑事局長に就任された段階で、これらオウム絡みの出来事について、どう把握し、認識されていたのか、お聞きしたいと思います。とりわけ、その時点では、教団の危険性をどう判断していたのですか。

就任時点では、オウム教団について犯罪集団という認識は持っておりませんでした。坂本事件の発生は1989（平成元）年11月で、当時は刑事企画課長です。刑事局ではありますが、いわゆる事件もの・強行犯事件は捜査一課、知能犯事件・選挙事案等は捜査二課が対応します。個々の事件への取り組みについて、私が刑事局長の時には、刑事企画課長もチームのなかで検討等に加わってもらいましたが、私自身が刑事企画課長の時は、坂本弁護士一家が所在不明になったことは新聞等の報道から知っていましたが、事件対応には関与していませんでした。熊本の国土利用計画法違反等事件については、オウム教団が熊本県波野村（現阿蘇市）に土地を購入する動きがあったのが90年の5月頃かと思いますが、

垣見隆氏（撮影・仙波理）

その時は、刑事企画課長から人事課長に異動しており（同年4月）、同年10月に手入れ（摘発）があった際も全く関わっておりません。また、オウム教団が選挙に出た時は、奇妙な恰好で選挙運動をする様子を報道で見て、変わった団体だなとは思っていましたが、それ以上の認識はありませんでした。ただ当時、すでに、坂本事件にオウム教団が関係しているんじゃないか、とする報道もあったように記憶しています。その後、刑事局長になってそれほど日が経たない頃、当時日本弁護士連合会会長の阿部三郎さんからの要請で、「坂本事件がなかなか解決しないので、事件を風化させないための一環として、空中にバルーンを飛ばして、一般の人に注意喚起したい」との相談があり、「それはよろしいのではないですか」と話をしたことはあります。

——前任者からの引き継ぎもなかったですか。

刑事局長は前任が國松（孝次）さんでしたが、國松さんから引き継いだ時、オウム関係あるいは坂本事件の関係については、特に記憶に残るようなものとしてはありませんでした。國松さんから口頭であったのかもわかりませんが、少なくとも記憶には残っていないですね。ただ引継書のなかで、坂本事件が重要な未解決事件として記載されていたとは思います。引継書といってもそんなに厚いものではなくて、事項が項目的に書かれた内容です。

注／松本サリン事件

オウム教団は1991年6月頃から、長野県松本市内において教団施設を建設しようと計画、土地取得に取り組んだが、教団と地主との間に紛争が起きた。教団は長野地方裁判所松本支部に対し建築工事妨害禁止の仮処分命令の申立てを行い、これに対して地主側も松本支部に建築工事禁止の仮処分命令を申し立てる。1992年1月17日、松本支部は、地主の申立てを認容し教団の申立てを却下、その後、東京高等裁判所も松本支部の結論を是認した。こうした紛争のなか、地元住民によって「オウム真理教松本進出阻止対策委員会」が結成され、事件は社会問題化する。こうしたなか教団代表麻原（彰晃・元死刑囚）は、教団と対立する立場にあった松本支部の付近でサリンを噴霧し、支部の裁判官及び付近住民を殺害することを決意、1994年6月20日頃、教団幹部に犯行を指示する。同年6月27日夜、実行グループはサリン噴霧の目標を松本支部から約400メートル離れた裁判官宿舎に変更したうえで、宿舎付近の駐車場で約10分間サリンを噴霧し、その結果、付近に住む住民7人が死亡（のちの1名を加え計8人）、約600人が負傷した。

※本書の注データは中村泰《ひろし》の項を除き、『警察白書』などを参照して作成した。

注／坂本弁護士一家事件

坂本弁護士は、1989年6月22日頃に、教団活動の不正を正すため、他の弁護士2人とともに「オウム真理教被害対策弁護団」を結成し、出家した子供の脱会を希望する親らの組織化を進めていった。親たちの集まりは、同年10月21日、「オウム真理教被害者の会」（略称「被害者の会」）となる。教団代表麻原は、坂本弁護士の活動は教団活動の大きな障害ともなりかねないと考え、同弁護士の殺害を決意し、信者6人に殺害を命じた。6人は同年11月4日午前3時頃に横浜市磯子区にある坂本弁護士宅に侵入、弁護士および妻の首を絞めて殺害し、さらに同弁護士の長男についても鼻口を手で押さえ殺害した。6人は同弁護士の死体を新潟県内の山中に、妻の死体を富山県内の山中に、長男の死体を長野県内の山中にそれぞれ埋めて遺棄する。

注／熊本県波野村における国土利用計画法違反等事件（熊本の事件）

1990年5月、オウム教団が熊本県波野村に施設建設を計画する旨の新聞記事が掲載されたのを機に、地元住民の反対運動が起こる。教団信者と地元住民との対立は激化し、暴力事案も起きて全国的な関心を呼んだ。そのなかで、教団が土地買収をしたさい、国土利用計画法違反（虚偽届出、届出義務違反）、公正証書原本不実記載・同行使罪及び証拠隠滅罪に当たる行為があったとして、警察は事件化を進めるのだった。こうした情勢のなか波野村は教団と和解交渉を行い、94年8月になって、同村が9億2000万円を支払い教団は村外へ退去することで和解が成立した。

長野県警察本部長からの電話

――そうすると、刑事局長になられたのち、オウム真理教について危険な団体であり、犯罪集団だと認識されたのは、何をきっかけに、いつ頃のことでしょうか。

１９９４（平成６）年６月27日に発生した松本サリン事件がきっかけです。

――オウム教団が係わる民事訴訟において、教団の敗訴の可能性が高いことから、審理に当たっていた長野地方裁判所松本支部の裁判官らを狙い、裁判官宿舎付近の駐車場からサリンを噴霧した事件です。付近の住民８人が死亡し、約６００人が重軽症を負いました。

その捜査が進んだ（94年）８月初めの段階で、当時長野県警察の松崎彬彦本部長から電話があり、「捜査の過程でオウム教団の関係会社がサリンの原材料を購入している事実が判明した」との報告がありました。

――その電話について、時期と回数、内容について整理させてください。

日にちをはっきりとは覚えていないのですが、８月早々でした。７月末に第一通報者の河野義行さんが退院した時に長野県警察が事情聴取をしたという時期の直後でした。長野県警察としては、それまでのさまざまな情報から河野さんの容疑は捨てきれないとして、

「場合によっては被疑者という格好での調べもしたい」との要望も出ていました。そして、8月3日には長野県警察の浅岡俊安捜査一課長が来庁したので、捜査状況の報告を受け、その後の捜査方針について打ち合わせ会議をしています。

――電話での話に、サリンの原材料に関する販路捜査を行ったところ、オウム教団の関連企業が浮上した、という内容があったのですね。

ええ、そうです。その情報について長野県警察本部長との間で、「これは扱いを注意しなきゃいけないね」ということになり、その点を2人で打ち合わせしています。

――オウムとの関連の前に、使われた薬品がそもそもサリンだということは、早くからわかっていたのですね。

7月の初めには判明しています。その後、長野県警察では地取り捜査（現場周辺で行う聞き込み捜査）を始めとする基本的な捜査が行われていましたが、サリン生成には特定の原材料が必要なので、それらの原材料がどういったルートで購入されているのかは捜査におけるポイントの一つでした。その捜査の過程で、「オウム教団の関係会社が（サリンの原材料を）相当量購入している」という情報が上がってきたのです。

――最近（2024年5月）、松本サリン事件に関する警察庁の内部文書が開示されました。「松本サリン事件の捜査概要」と題したもので、事件から約1年8か月後にあたる96

計８人が死亡した松本の毒ガス中毒死事件で、池がある茂みの植物を採取する捜査員。長野県警は第一通報者の会社員・河野義行さん宅を捜索、神経ガス「サリン」と推定される物質が検出されたと発表した。後に事件はオウム真理教による犯行とわかったが、河野さんに対する「犯人視報道」が問題になった（写真は朝日新聞社）

年2月に警察庁刑事局捜査一課が作成したものです。今回開示されたこの文書を見て、日付の細かいところで事実関係を確認したいのですが、警察庁の内部文書によると3日に県の公害課と県警科学捜査研究所でサリンの結果が出たと連絡があり、その日のうちに、県警の捜査一課長らが発表したとなっています。従来では7月2日にサリンと推定される物質を検出といわれます（発表は3日）。小さなズレがあり、このあたりはいかがですか。

その経過についてはっきりと思い出すことはできませんが、警察庁の開示した文書の記載が事実に即したことでしょう。

――話を戻しますが、本部長からの電話をふまえて、8月3日に長野県警の浅岡捜査一課長が打ち合わせに来たのですね。

長野県警察捜査一課長の来庁は、本部長の電話をふまえてというよりも、7月末に河野さんの事情聴取があり、その結果をもとに今後どうするかという相談に来庁したものです。

——浅岡捜査一課長が来たときの会議テーマは、どういったものでしたか。

河野さんの事情聴取に関する状況報告と、今後河野さんの扱いをどうするかということでした。それが表向きのメインテーマです。ただ会議は二段階あったのです。最初の会議では、河野さんの事情聴取の状況について浅岡課長から話を聞いて、今後の扱いをどうするかが話題であり、オウムとサリンの件については話に出さないようにしました。事情聴取の状況についての報告を受け、今後の捜査の進め方について打ち合わせが行われました。この段階ではさまざまな情報がありましたが、打ち合わせの結果、河野さんを被疑者として取り調べを行うまでの材料は整っていない、とのことになりましたが、河野さんを捜査の対象外とするまでの判断には至りませんでした。

この場では、「今後、被疑者として取り調べをしたいとの意見が捜査担当者から出てくる場合もあるが、その時にはどうしようか」との相談も受けましたが、従来からの捜査を徹底し、容疑を裏付ける新たな事実が判明すればともかく、河野さんがサリン散布への関わり合いを否定している以上、被疑者として取り調べをすることは控える、との結論になりました。

――オウムについては、どのような話し合いがなされたのですか。

当初の打ち合わせのあと、浅岡捜査一課長だけを残して、サリンの原材料の購入について、オウム関連企業の具体的名称を含めて判明した内容を詳しく聞き「薬品捜査をさらに徹底しましょう」ということで、話は終わっています。刑事局捜査一課では、この数日後に、神奈川県警の捜査官と情報交換会を行っています。

坂本事件捜査本部との情報交換

――警察庁で会議が行われたのですね。それは8月のいつで、内容はどういうものでしたか。

日付は8日です。坂本事件は神奈川県警察の磯子署に捜査本部があったのですが、その担当者との打ち合わせでした。警察庁捜査一課では、以前から磯子署捜査本部の担当者から、オウム教団がサリンに関心を持っているようだとの話を聞いていたこともあり、長野県警察の捜査一課長からの報告により薬品捜査の状況を把握したので、松本サリン事件とオウム教団との関連性の検討をするために、磯子の捜査本部との情報交換が必要と考え、会合を開催したものです。

この情報交換のなかで、「松本サリン事件発生の前に、オウム教団の機関誌でサリンに言及している」という情報が上がってきました。長野県警察からの化学原材料入手経路情報との繋がりが、そのあたりから見えてきたわけです。つまり長野県警察からの「オウム教団がサリンの原材料を大量に購入している」という情報と、神奈川県警察からの「オウム教団は、松本サリンの事件の前に、機関誌のなかで、サリンについて言及している」という、2つの情報を前に、警察庁捜査一課では、松本サリン事件にオウム教団が関与しているのではないか、との疑惑を有するに至ったのです。翌9日になって、情報交換の結果とともに、捜査一課が抱いた松本サリン事件へのオウム教団関与の疑いの認識が、私のところに報告として上がってきたのです。

――8日に行われた神奈川県警との打ち合わせにおいて、磯子署捜査本部からの情報提供は、「オウムの機関誌にサリンについて言及部分がある」という内容だけでしたか。

私自身はその会合には出ていないのですが、上がってきた報告で重要だったのは、機関誌の件でした。打ち合わせの場では、機関誌の話にとどまらず、それまでの坂本事件の捜査で蓄積されていたオウム教団に関するさまざまな情報について、情報交換がなされたと思います。

――会合に出たのはどなたですか。

警察庁では南雲《なぐも》明久・捜査一課長、それから稲葉一次《かつじ》・捜査一課広域捜査指導官室長と補佐が出ています。神奈川県警察からは磯子の捜査本部の担当官が出ました。

――いまお話しくださったように、94年8月上旬に情報が集中して上がってきて、オウム真理教に対する危機感を抱くことになった。きっかけはやはり松本サリン事件ですね。それ以前は、危険団体との認識をお持ちではなかった、ということでいいでしょうか。

残念ながら、その通りです。

防衛庁とのコンタクト

――そうなると、警察が対オウムで本格的に動き出す、まさに原点となったのが松本サリン事件ですが、当時の状況をここで詳しく聞かせてください。とりわけ8月以前で、事件発生からの警察の対応、あるいは刑事局長としての指示について、教えていただけますか。

6月27日に事件が発生した当時、特異な内容だったので、異例なことですが、翌日28日科警研（警察庁科学警察研究所）の所長永野耐造氏が現地に行っています。また被疑者不詳の殺人事件ということで河野さんのお宅の捜索、差押さえをしています。そして、7月早々までに長野県警察科学捜査研究所と長野県衛生公害研究所との双方から「サリンと推定される」との鑑定結果が出ました。

――記者発表は7月3日午前9時でした。

鑑定からすれば、「通常考えられる事案ではなく、どうも化学兵器サリンが使われた可能性がある」とのことでした。私も、サリンと言われ、文献で一応調べましたが、よくわからないので、警察庁の科警研に相談したところ「もし国内で知見があるとすれば、防衛庁（当時）でしょう」と言うので、さっそく防衛庁へ出かけました。当時は防衛局長が村田直昭さんで、のち（95年4月に）防衛事務次官になる人です。私は以前、大蔵省（当時）主計局に出向し防衛庁担当の主査をしていたことがあり、村田さんとは面識がありましたので、電話でアポを取り防衛局長を訪ねました。

村田さんに、松本で発生した事件について説明した上で、「使われたのはサリンであるとの鑑定が出ていて、今後その捜査を進める必要があるが、警察には十分な知見がないので、防衛庁として協力、援助してください」とお願いしました。村田さんには説明を理解していただけたようで、その後は警察庁捜査一課の係官が防衛庁とコンタクトするようになり、7月下旬には、警察庁の担当官が防衛庁の陸上幕僚監部《かんぶ》化学班と連絡をとり、長野県警察の担当官と警察庁科警研の職員も合わせて、陸上自衛隊の「化学学校」を訪問して情報交換を行っています。

また、7月11日に長野県警察の町田巻雄刑事部長が捜査状況の報告に来庁しています。その際「捜査の状況から、河野さんの行動には不審な点がある。容疑が濃厚だ」という説明でした。それもふまえて、今後の方針としては、「現段階では犯人に決め手があるわけではないので、いろいろな可能性を前提に、地取りを中心に捜査を徹底する」として、「サリンという特別な化学兵器が使われており、製造にあたっては一定の原材料が必要だろうから、その線からも捜査を進めましょう」となった。その後、7月末に河野さんが退院をしたのを機に長野県警察では河野さんの事情聴取を実施しましたが、供述はサリン事件への関与を否定する内容で、長野県警察としても、その後の捜査をどう進めるのか苦慮する事態となっていました。

——7月からすでにさまざまな動きがあり、垣見局長も指示を出し行動もしていたのですね。それをふまえて、8月上旬での集中的な情報集約をもとに、オウムの危険性を認識するに至り、松本サリン事件にオウム教団が関与した疑いが濃くなったわけです。その時点でのサリン材料の調達状況の把握などを具体的に教えていただけませんか。

松本サリン事件とオウム教団との結びつきについては、この時点では、警察としてまだ具体的な手掛かりを把握するまでには至っていません。ただ、オウム教団がサリンの原材料を調達しているというのは、薬品ルート捜査のなかでオウム関連企業の名前が出てきて判明しました。

——ちなみに、松本サリン事件が裁判官の宿舎を狙った犯行だというのは、当時はわからなかったのですか。

少なくとも8月段階では、そういう話にはなっていませんでした。

警備局の認識

――8月8日の神奈川県警との会合を経て、翌9日に事件にオウム教団が関与している疑いが警察庁捜査一課から報告として上がってきました。そのあとの動きを教えてください。

報告を聞いた時には、直ちに考えがまとまらず、「しばらく考えさせてくれ」ということにして、結論を出すのにひと月ほどかかりました。

――結論について、追って内容をお聞きしたいと思いますが、まずその間の動きを教えてください。

8月9日に警察庁捜査一課からの報告を受け、今後の方向付けを考えるに当たり庁内で情報を集めることにしました。まず、國松長官に「オウム教団についてご存じですか」と聞いたら、「くわしく知らないが、神奈川県警察が坂本事件の関係でマークしているのではないか」というご返答でした。次に、刑事局にはオウム教団の情報を集約している部署がないことがわかっていましたので、警備局で把握しているかどうか確認をしようと考え、警備局の在籍経歴のある人物に、「警備局内でオウム教団の情報を集め、団体としてマークしているのではないか」と尋ねてみました。この人物はそれなりのポジションを歴任して、警備局内の動きについてはよく知っていると考えたからです。

――どういう返答でしたか。

「警備局においてオウム教団を継続的にフォローして情報を集約している状況にはないと思われます」とのことでした。それから、菅沼清高・警備局長のところへ行き、「オウム教団がサリンの原材料を買い込んでいる、という話が長野県警察から上がっていること」を話しています。菅沼さんの返事は定かには覚えていませんが、「特異な動きのある宗教団体の動向については、きちんと目を光らせていかないとね」と返事されたように記憶しています。なお、その時に菅沼さんより話はなかったのですが、1993年5月には、菅沼さんがカルト集団を念頭に置いて特異な活動をする宗教団体の動向に注視するようにとの指示をしていたとのことです。

また、この時期（94年8月）に私は警視庁の寺尾正大鑑識課長と面談して、松本サリン事件の捜査に関して、「捜査の対象になっている人物の容疑が固まらなくて困っている。そのような場合、捜査をどのように進めたらいいのだろうか」と質問して、彼の見解を聞いています（後述あり）。

――そういった庁内の状況は、結論まで1か月もかかったのか、とのちに言われる原因にもなりました。どのような対処を決めたのか、具体的に聞かせてください。

当時、捜査一課に広域捜査指導官室があり、10人ぐらいのチームでした。室長は前に話した稲葉君ですが、その稲葉室長に「チームはオウムを専従とするように」と指示しました。

——8月上旬に集まった一連の情報をふまえた結論というのはオウム専従班の結成だったわけですね。指示はいつですか。

9月6日です。なお、その頃の部内会議で、菅沼警備局長は宗教団体に関した指示をしたようで、一部新聞に、「統一教会に注意しなさい」という話になって載ったこともありました。菅沼さんは部内会議で、別に統一教会に絞って言ったわけではなかったと思います。けれども対外的には、「統一教会の話を聞いたので、宗教団体としてちゃんと動きを掌握しないといけない」という趣旨の話をしたことになっています。

——記者が解釈したんですね。

警備局長の指示を聞いた警備局幹部の受け止め方なのか、記者の解釈なのかわかりませんが、菅沼さんは、オウム教団と統一教会を念頭において指示されたのではと推測していました。

——9月時点だとメディアも、オウムとサリンについての関連性にはたどり着いていていないはずで、不正確に把握して、そういう記事になったのかもしれませんね。

警察内部を含めて、当時の一般的認識からすると、問題がある団体というと、当時は統一教会のほうに関心が向かったのでしょう。その頃、統一教会が相当活発に、さまざまな活動をしていましたから。

――逆にいうと、警備局内の会議においても、オウムという名前を明確に出していない可能性があるのですか。

名前までは出していなかったと思います。刑事局としても、その段階では、松本サリン事件へのオウム教団の関与について疑いはありましたが、確証を得るまでには至っていませんでしたから。オウム教団とサリンに繋がりがある、との情報が漏れれば、メディア等の受け止め方が、ガラッと変わってしまうこともありえます。オウム教団の事件への関与について、「まだ全く確証を得ていない段階なのに、情報だけが広がるのはまずい」という考えもありました。それで松本サリン事件とオウム教団の情報は、扱い要注意ということにしたのです。刑事局においてもそういった段階ですから、菅沼さんが明確に「オウム教団」と言うのは考えにくいところです。

大本事件の検討

——宗教団体があそこまで過激化するというのは、当初は想像の埒外だったのですか。

過激化して社会的事件を引き起こした宗教団体が、過去においてあったことを想起しました。

——過去の宗教事件、宗教団体の過激化について、歴史的に調べられたのですか。

当時、（１９２１年と35年の）大本事件の取り締まり記録を読んでいます。時期としては１９９４年の秋で、オウム教団の対策を考える時期だったと思います。大本に対する旧内務省の特高警察の内偵記録に基づく『白日の下に』という書籍（杭迫《くいせこ》軍二著、日刊労働通信社刊）を、菅沼さんからお借りして稲葉室長と読みました。

それによると大本事件のときも警察官を相当数動員しており、オウム教団捜査のモデルになるようなものと考えました。大本事件での動員はどれくらいでしたでしょうか、３００人くらいか、６００人でしたか、メモしていたはずですが見当たりません。

——寺院を破壊した写真なども残っています。大規模なものだったのでしょう。

そうです。最終的にはダイナマイトで神殿を破壊したというのですからね。

——そのとき読みとろうとしたのは、「宗教もここまで過激になるのか」と認識を深めるためですか。それとも、そうした宗教団体の取り締まりというのはどうやるべきか、という実際的なレベルだったのですか。

宗教団体の過激化の例として読んだのではなく、宗教団体の取り締まり方法について学ぶことがあれば、との観点から読んでいます。大本事件の捜査に際しては、相当綿密に事前準備をしたうえで手入れをしています。世間では宗教弾圧というイメージで批判されていますが、「警察としては、十分に準備をした上で手入れしたのだなあ」という感想でしたね。

――ちなみに垣見さんは世代的に、大本がモデルになった高橋和巳の『邪宗門』を読まれましたか。

読みましたがあとになってからです。オウム関係事件捜査が一段落した後、警察大学校長の時に読んでいます。

専従班の活動

――さて、では、警察庁広域捜査指導官室に置いた特命チームについてお尋ねしたいと思います。実質オウム専念ということで10人ぐらいの陣容ですが、そのメンバーは実際何を担い、どういった活動をしたのですか。

まずひとつは、オウム関連の情報収集です。文献調査に加えて、坂本事件以来の蓄積がある神奈川県警察の磯子署捜査本部から相当情報を入手しています。そして、10月初めには、全国の警察を対象に、オウム関係の告訴・告発事件の実態調査を実施しています。これは、オウム教団の幹部や構成員が関与する事案として取り扱ったもので、誘拐、逮捕監禁、詐欺、脅迫、文書偽造等で告訴・告発を受けているもの、あるいは告訴・告発に至らないもの、さらには、行方不明事件とか、家出人捜索願いなどの受理や相談を受けたものも報告させています。「刑事部門に限らず、とくに生活安全部門を含めて幅広く調査し、報告してください」という要請をして、情報を集めています。10月4日に指示して集約したのは12日です。

——情報提示の指示は刑事局として出したのですか。

刑事局捜査一課長名です。

——どれぐらいの数が集まりましたか。

合計85件です。家出捜索願い24件、事件関係で20件、あと、全くの相談というのは25件くらいでした。

——85件というのは多いと思われましたか。少ないと思われましたか。また、相談というのは、どういった内容でしたか。

多い少ないというより、数はあったけれども、直ちに事件化できる内容の事案は少なかったと思いました。相談はもめごとの類と、脱会する人やしたい人を保護してほしい、といったものです。

――事件関係の20件というのは?

暴行、器物損壊、逮捕監禁、名誉毀損、誘拐、拉致、脅迫、傷害といろいろです。

――地域的な特徴はありますか。

大部分は警視庁(東京)で、25~26件あります。警視庁の次に多いところは、オウム教団の拠点施設がある山梨で13件です。

――集約した結果に対して、どうなされましたか。

なんとか事件にできるのはないか、というので、検討をしました。報告のなかには、94年3月に発生し8月下旬に自宅へ戻ってきた被害者が教団信者らを告訴・告発した(受理は9月26日)、宮崎の旅館経営者営利略取事件(事件概要は後述)が入っていましたが、すでにこの事案は捜査を始めていました。それから警視庁から報告のあった事案のなかに、事件性があると思われるものがありました。

――どういった事件ですか。

野方にあるオウム病院に入院していた男性患者がいました。男性は信者ではなく、ご家族の方に信者がいて、その縁でオウム病院へ入院したようです。入院中に、その男性の土地がオウム教団の名義にされてしまったという事案でした。92年末から93年にかけて、野方署に相談があった事案でしたが、この事案について確認した結果、被害者の男性からは、「被害に遭った当時、警察へいろいろお願いしたけれど、ちゃんと取り扱ってはくれなかった。今更なんですか」というような返事でした。そのほか、オウム教団施設に関して異臭や騒音などで住民とのトラブルが起きていた山梨の事案もあり、発生当時に掘り下げていけば事件として対応できたのではないか、と思われるものもありました。それ以外には、直ちに事件として捜査できる可能性のある案件はなかったですね。

注／宮崎県における旅館経営者営利略取事件（宮崎の事件）

オウム教団幹部らは、在家信者である旅館経営者（63）のもとに多額の土地売却代金が入ることを知り、お布施名義で強引に入手することを企て、1994年3月27日、宮崎県小林市内の旅館経営者宅において、睡眠薬入りのお茶を同人に飲ませ意識を失わせ、車両で上九一色村の教団施設に無理やり連れ込んだ。同経営者は殺害をおそれ熱心な信者を装い続け、教団に対し多額のお布施をすることを約束し帰宅を許された。同年8月21日に帰宅した後、9月26日になって教団信者らを告訴・告発した。

全国捜査担当課長会議

——その点で言うと、麻生幾『極秘捜査』（文藝春秋）によると、垣見局長は9月下旬の全国捜査担当者会議で、オウム真理教に関する立件すべき事件について情報の一元化を指示した、とあります。

その頃は、オウム教団が犯罪に関与していると表立って示せないにしても、関連事件とオウム教団の関わりは当然、注視していました。たとえば、旅館経営者の事件については、宮崎県警察ともいろいろな話をしている。ただ全国会議でオウム教団をターゲットとして明示するようなことは言っていないと思います。

——本のなかでは、垣見局長が会議冒頭の挨拶中に、「今後は、警察庁広域捜査指導官室にオウムに関するあらゆる情報を集めて頂きたい」と言った。懸案事項のうちにオウム真理教という名前を挙げたと。それを機にオウム捜査は、「警察庁主導で、大掛かりなオペレーションとして密かに始動することになった」と出てきます。これが警察庁の公式会議でオウムの名前が出た最初だという記述もあります。

1994年の10月25日に全国捜査担当課長会議がありましたが、その会議において、本に書かれているような発言をした記憶はありません。当時の資料をチェックもしましたが、資料のうえでも出ていません。すでに話したように、長野県警察の本部長といろいろな話をした際も、オウム教団が事件に関与している可能性は出てきたので、当時の私にしても、オウム関与の可能性が高いとの認識は、なくはありませんでした。ただし、「まだオウムという名前は言わないでおく、表立って言わないようにしよう」としていました。「それを言い出したら、みんながそちらにざっと流れて大変なことになる、捜査の流れがそちらの方向に決まってしまう」と思っていたからです。さらに捜査が進んで、物事がはっきりするまでは、オープンにすべきではないと考えており、そのあたりは慎重に対応してきたのです。だから公式な場では、一般的なこととして宗教全般のことを話したかもわかりませんが、この時点で、オウムを名指しして、「どうも問題があるから、ちゃんとやれ」といった類いの話をするはずがありません。

——この手の会議で、刑事局長がスピーチのなかで最初に挙げたとすると、記録資料に残っていないことのほうがおかしいですね。

そうです。松本サリン事件について、「こういう事件が起きて」という次元では言ったかもわかりませんけど、オウムの名前まで挙げてというのはないと思います。

——いま話に出てきた「資料」というのは、具体的になんですか。

全捜会議（10月下旬の全国捜査担当課長会議）の指示メモです。

――オウム捜査については、これまで書かれたことに拠れば、全体の流れとして、このときの垣見さんの発言がターニングポイントになったかのごとく受け取られています。垣見局長の口から「オウム真理教」の名が出て、情報収集の指示がなされた、という話は、明らかに事実と異なるわけですね。

会議において発言したとされている内容は、私の記憶とは違います。ただし、当時のことを振り返りますと、１９９４年秋の時期に、刑事局として松本サリン事件にオウム教団が関与している可能性が高いと判断して、９月初旬には刑事局捜査一課内にオウム専従班を設置し、オウム教団に関する情報収集を開始し、９月中頃には、宮崎県警察に対し拉致監禁容疑事件の捜査の推進を指示し、10月には全国の都道府県警察に対してオウム教団の関与した事件、相談事案等について報告を求めていますので、それらの一連の動きを、このような形で表現したのかとも考えています。

――『極秘捜査』の著者麻生さんから、取材依頼はあったのですか。

麻生さん本人か、スタッフからかは記憶が定かではありませんが、「一度、取材させてください」という依頼はありました。刑事局長から警察大学校に転出したあとのことです。その時は、麻生さんという人を直接存じあげないので、お断りしました。

――本を読んでみて、どのあたりから情報を取っていたかはわかりますか。

具体的に誰からとはお答えできませんが、警察の有力なOBのみならず現役の方々やマスコミ関係者を情報源にもっているとの印象でした。

宮崎事件に対する検討会

——さて話を戻しますが、先ほど話のなかに出てきた宮崎の事件ですが、これは坂本事件や熊本県波野村の事案と並んで、教団が引き起こした、松本サリン事件以前の比較的大きな出来事ですね。

その通りです。宮崎の事件では何度も打ち合わせもしましたし、検討もしています。

——具体的に教えていただけませんか。

宮崎の事件について関心を持つようになったのは、被害者の方の告訴提出を巡っての動きがテレビ報道されたのが契機です。放映の直後に宮崎県警察に連絡して事案の概要を聞き取り、その後刑事局において事件の検討をしたのは10月24日です。このときは宮崎県警察の捜査一課長が上京し、その検討会には私も出ました。会議では、当初、宮崎県警察から「事案の内容から警察が動くのはなかなか難しいのではないか」という話であったとの記憶です。

この頃には、刑事局では、「オウム教団と松本サリン事件との関係を解明するために、なんとかしなければいけない」という認識になっており、そのために「山梨県下の上九一色村の教団の拠点施設を捜索したい」という考えを、持つようになっていました。この宮崎の事件は、被害者の方がオウムの拠点施設に一時収容されていた。というか、実際は拉致・監禁されていたのです。そうであれば捜索の大義名分が立つと考え、なんとか事件化したいとの考えがありました。

注／上九一色村は2006年に北部が甲府市に、中・南部が富士河口湖町に編入されている。ただし本書では当時の地名として「上九一色村」を使う。

――宮崎事件は騒ぎがいろいろと報道もされましたね。

被害者が告訴したいとの意向を持っていたのですが、オウム教団の信者であった親族が強硬に反対し、親族間のトラブルになっていました。加えてこの事案は、被害者に対する措置が、医療行為の範囲内であるかどうか、要求されていた金員が宗教上のお布施の範囲内であるかどうかが問題点としてあり、それらのことにつきオウム教団側は、青山吉伸弁護士を中心に教団側の考えを警察に対して強硬に主張する状態でした。そのようなこともあり、宮崎県警察としては、なかなか扱いづらい厄介な問題だったと思います。もちろん、だからといって私は、宮崎県警察のそれまでの対応が問題なかったとは思いませんけれども。

――もう少し細部をお聞きしますが、10月24日に宮崎の捜査一課長が警察庁に来て、垣見局長以下が報告を受けたと。その日は基本的にどういった話になったのですか。

「事件として扱うことはなかなか難しいですね」という話でした。その時点では、宮崎県警察としては、「任意捜査なら可能」との考えのようでしたが、刑事局としては、「任意捜査ではなくて強制捜査として、山梨県下のオウム教団施設の捜索をしたい」との考えを伝えて、「上九一色の強制捜査に向けて宮崎の捜査を進めてください」との要請をしたのです。

――その要請を県警が持ち帰って、それからどうなっていったのですか。

後日になりますが、12月14日に稲葉室長が宮崎に行き、県警察の刑事部長と打ち合わせをしています。その時までには、捜査も進み、地元の検察庁との打ち合わせも始まっていましたが、調整は難航していたとのことでした。これには、熊本県波野村の国土利用計画法違反等事件の後遺症もあったとのことです。熊本の事件は、一連のオウム教団事案への対応のなかで警察が積極的に取り組んだ事案として評価していますが、教団の闇を解明するまでにはいたりませんでした。また、転入届不受理を巡る地元とのトラブル自体は、地元自治体がオウム教団に9億2000万円という多額な金を支払い、教団は村外へ退去することで和解成立となったものであり、地元自治体や付近住民はもちろんのこと、オウム教団からの強硬な抗議や牽制のなか、苦労して捜査を行った警察にとっても検察にとってもあと味のいい事件ではなく、多分そのトラウマがあって、宮崎の事件については、検察庁からもなかなかいい返事がもらえなかったように聞いています。

——では、12月14日の打ち合わせでは、すぐに事件として入っていけないな、ということだったのですか。

いやいや、「頑張ってやってください」ということになったと思います。その後、12月中にはもちろん、95年1月になってからも、警察庁の担当者が宮崎県に出向いて事件検討会をしています。

——こうした刑事局におけるオウム対応の一連の動きについて、上司である國松長官や関口祐弘・警察庁次長との情報共有はどのように行われていたのですか。

個別の事件については、刑事局長の私が長官や次長に報告するのではなく、基本的に捜査一課長のルートで上がっています。もっとも宮崎の事件や、山梨の元看護婦（当時の表記を使う。現・看護師）監禁事件（事件概要は後述）はなかなか捜査着手の方向にまで至らなかったので、そのルートでも詳細な報告は行っていないと思います。一方、松本サリン事件については、長官も次長も関心を持っていて、いろいろな指示もありましたから、捜査一課長が報告していただけではなく、私も節目節目では報告しており、採取したものが鑑定の結果、サリン残渣物だと判明した件を含めて伝えています。

注／山梨県における元看護婦拉致監禁事件（山梨の事件）

1994年7月28日、教団信者らは、教団を脱走した元看護婦である信者（29）を、山梨県南都留郡にある駐車場において無理やり乗用車の後部座席に連れ込み、上九一色村の教団施設に連行して10月26日までの間、監禁した。

残っていた河野さん犯人説

――垣見局長としては、94年9月に専従班を組織して、オウム教団の犯罪を洗いだす指示も出していたということですが、松本サリン事件については、11～12月まで、警察庁の上層部でもまだ、第一通報者犯人説に基づく発言が出てもおかしくないような状況だった、というのが、これまでも指摘されています。たとえば『極秘捜査』では、國松長官が省庁幹部との会食の席で、「犯人は、第一通報者の会社員でしか有り得ませんよ。もし違ったら、逆立ちして歩いてもいい」と発言したとあります。記載では秋の終わり頃のようにも読めますが、この点についてはいかがですか。

河野さん犯人説は秋の段階でも地元警察の一部にあったようであり、その影響もあったのか、地元紙に、「（河野さんに）正月は越させない」との趣旨の発言が警察内部からリークされたように受け取れる記事が掲載されたこともあったとの記憶です。当時、國松長官がご指摘のような発言をしたとすれば、そのような地元警察内の見方やマスコミの動きに影響されたのではないかと思います。ともあれ秋の段階ではまだ、松本サリン事件がオウムの仕業だとは警察関係者の間でも認識されていなかったのです。

――さて、先ほど、警備局（公安）の話が出てきましたが、その後の警備局との連携の検討、協議の状況など、可能な範囲でお聞かせください。警備局では、宗教団体の動きに注意を向けるように、という指示が出たとのことですが、その後、刑事局のなかでは具体的にどういった連携があったのですか。

93年5月の本部長会議で、特異な活動をする宗教団体の動きに注意するようにとの指示をした菅沼警備局長は、94年10月に警察庁官房長となり、後任は杉田和博さんとなります。杉田局長が統一教会やオウム教団のような特異な動向をしていた宗教団体に関して、どのような考えを有していたのかはわかりませんが、前職が神奈川県警察本部長でしたから、坂本事件についてはそれなりに考えも持っていたんだろうと思っていました。

――刑事局と警備局の間で、情報共有とか情報のやり取り・検討というものは、なされていなかったのですか。

いや、そんなことはないですよ。刑事局では、オウム教団の対応を進めていけば、いずれ警備局との共同作業が必要になるとの考えを持っていましたから、情報共有に努めていて、のちに上九一色村の土壌調査でサリンの残渣物が見つかったときも、長官、次長のほかに、警備局長と警備局審議官にもペーパーを回しています。

——わかりました。なお、いま触れた残渣物の件については、続く聞き取りで、詳しく話を聞かせてください。

第2章
対オウム作戦の立案

1994年9月末〜12月

サリン残渣物が出たとの情報は、警察庁の対応をがらりと変えた。対オウム態勢の整備が急がれ、大がかりな捜査着手の構想が進む。刑事局では「基本計画」が立案され、12月15日の警察庁首脳による「御前会議」に至る。それは警察のオウム捜査全過程において、ポイントになる出来事であった。

上九一色村での土壌採取

――オウム事件の重要局面の全てで、刑事警察のトップとして警察庁刑事局長の立場にいた垣見さんですが、オウム教団について、松本サリン事件以前は危険団体と認識できなかった次元から、その後短期間のうちに教団への目が厳しくなり、対応を変えていった様子がわかります。そこからさらに警察が対オウムで態勢整備していくきっかけになったのは、やはり山梨県上九一色村でサリン残渣物が見つかった一件（94年11月16日）ですね。ここではまず、詳しくその経緯をお聞きします。長野県警からの情報をもとに、垣見局長は上九一色村の土壌調査を指示したわけですね。そこからお話しくだされればと思います。

長野県警察からではなくて、94年9月の末に神奈川県警察の磯子署捜査本部から、7月に、上九一色村のオウム教団の拠点施設の周辺で異臭騒ぎがあり、付近の草や木が枯れて

1994年7月に山梨県上九一色村で異臭騒ぎのあった現場（写真は朝日新聞社）

地元住民が騒いだことがある、との情報が提供されました。さっそく刑事局から山梨県警察の刑事部に連絡を入れ、「こんな話があるので、至急調査してくれないか」と依頼したところ、調べた結果として、確かに7月の9日と15日にオウム教団施設周辺で異臭騒ぎがあり、地元住民から届け出・訴えを受けた地元の警察官は現地を確認したが、原因不明として処理されていたことが判明しました。

——ただもうその時期は、教団の施設をなんとかしたいと、山梨県警でも考えていたはずです。

そういった意識がどこまであったのかは、よくわかりません。それまでに、山梨県警察には、オウム教団に絡んだ各種トラブルについて、地元の村長などが、要望なり苦情なりを申し入れに来ていたはずですが。

――すると、警察署の地域課の警察官が現地へ行って実状を見たが、報告書を上げなかったのですか。地域課止まりですか、あるいは署長止まりでしょうか。

その点もよくわかりません。報告では、現場止まりで情報が警察本部までは上がっていなかったとのことです。

――そういった事案が、早い段階であったわけですね。

異臭事件は7月9日および15日ですから、松本サリン事件があって1か月も経たない時期です。その時点で、情報の価値に気が付くことを期待することは無理だったかな、とも思いますが、松本サリン事件のあった長野県は、山梨県の隣接県でもありますし、そのとき長野県警察に情報が届けられていれば、異なる展開となっていたかもわかりません。

――確認ですが、磯子署捜査本部からの情報がはじまりですね。

そうです。磯子の本部は弁護団と相当緊密に連絡を取り合い、情報交換をしていたようです。オウム対策弁護団と神奈川県警察とは、当初、関係は必ずしもよくはなかったのですが、途中から、お互いにだいぶ融和的になったとのことです。

――磯子からの情報に基づき調査したところ、山梨県下のオウム教団の拠点施設の周辺で確かに異臭騒ぎはあったことが判明した後、警察庁としてはどういう判断をされたのですか。

まずは異臭の原因について調べる必要があることとなったのですが、調べるとしても発生時から時間も経過しているし、どのような方法で調べればよいのかわからないので、結局、防衛庁に頼りました。9月の末に、警察庁の担当者が防衛庁の担当官のところへ行って、異臭騒ぎの状況を説明した上、神奈川県警察から入手していた草木の枯れた状況などを撮影した現場の写真を示して助言を求めたところ、「煙は化学兵器特有の出方だ」「付近の植生、土壌に何らかの影響が残っている可能性がある」との見解であり、さらに「草木は時間がたって腐っているから調べようがないが、土壌には何か残っていることも考えられる」とのことで、「土壌を採取して、鑑定したらどうですか」との助言があったのです。それで土壌採取を実施することとなったのです。

サリンの鑑定結果出る

——採取はいつ行われましたか。

10月7日です。

——採取の主体は山梨県警と長野県警ですか。

主体は長野県警察です。普通は土地管轄を有する山梨県警察が担当すると思われるでしょうが、この時は、検討の結果、サリンに関する問題ですから、「松本サリン事件以来の捜査で知識・知見を有している長野県警察に土壌採取をやってもらおう」ということになったものです。ただ、地理不案内だから、現場をよく知っている地元の警察官に案内してもらいました。富士吉田署員だと思います。ですから山梨県警察も協力して実施したことになります。

——令状を取って、実施したのですか。

いや、任意です。敷地外ですしね。

——細かい点ですが、長野県警の科捜研の職員も参加していたのですか。

そこは承知していません。長野県警察が採取した土壌は、その後の10月17日になって、科警研（警察庁科学警察研究所）に持ち込まれ、科警研で分析・鑑定が行われました。

——採取後から科警研に持ち込まれるまで10日かかったというのは、なにか事情があるのですか。長野県警には科学捜査研究所がありますから、「まずはそこで」となったのではないのですか。

その点は詳しくはわかりませんが、長野県警察にも科学捜査研究所がありますので、そこで検討がなされたと思います。ただ、土壌から残存している成分を抽出して分析を行うとのことですから、技術的な能力も必要であったと思うし、抽出するための機材や分析するための機材が必要ということもあり、そのあたりを長野県警察において検討をした結果、警察庁の科警研に持ち込むこととなり、そのためにタイムラグが生じたのではないかと思います。

――鑑定結果はいつ出たのですか。

11月に入ってからとなります。11日頃に科警研の中間報告があり、正式に鑑定が上がったのは16日です。「サリンの残渣物が含まれている」と。

――中間報告の段階で、すでにサリン残渣物が出たとあったのですね。

そうです。それを踏まえて正式な書類が出たのが16日となります。

――1か月ぐらいかかった理由はご存じですか。

事案発生時から時間も経過しており、土壌から成分を抽出するとしても含有量は微量になっていて抽出に苦労するなどのこともあったのでしょうし、分析・鑑定にも時間を要したものと思われます。

――この事実は翌年1月の読売新聞のスクープまで秘匿にされていました。

大捜索への計画立案

――11月16日にサリンと確定した段階で、警察庁の対応はガラッと変わったといわれます。

それからは、「自信を持って、警察全体で対オウムを本気でやらないといけない」と。

そうです。「いよいよ本格的にやらなきゃいけない」となった。そこから態勢を整え、大捜索へ向けての計画を立てることになったのです。

——その16日に正式な鑑定が出てからの動きについて、時系列でもう少し詳しく聞きたいのですが。警察庁刑事局長として、どう動かれ、そのような指示を出されたのか、それを教えていただければと思います。

長官、次長に報告をし、さらに警備局にも連絡して、協力を要請しています。そして11月25日に刑事局内で検討会を実施し、今後の方針として宮崎の旅館経営者略取事件、山梨の元看護婦監禁事件の捜査を柱とした基本計画を作りました。

——確認しますが、2事件捜査の基本計画は刑事局だけで作ったのですね。

基本計画の作成は刑事局で行っています。警備局はパートナーとしてやってもらわなければいけないので、基本計画が出来上がったのち、警備局に説明をして、基本的に了解を得ています。その後、関係県警察に対する説明を手分けしておこなっています。

——関連してお尋ねしますが、『極秘捜査』のなかに、94年11月頃、警備局内ではオウム真理教を「S」として、警備局が「Ⓢ」(マルエス)シフトを敷き、「刑事局も続いて」と書いてあります。しかしこれまでの話では、垣見さんはもう9月段階で、10人ぐらいのチームを「オウムに専念せよ」と指示を出している。そうするとここの記述も、垣見さんからするとやや実態と違うのではないかと思われませんか。

当時そのような話を聞いたことはありません。もっとも、このころにはオウム教団に関して、刑事局がそれまでに集めていた情報が十分ともいえず、更なる情報収集をする必要があることを意識していたので、警備局に対し「オウム教団の組織や構成員についての詳しい情報収集をしてほしい」と会議の席でも話に出ていたと思います。ただ、警備局が特別のチームを作って具体的な作業をしているということは承知していませんでした。

――オウムに対する態勢作りの点で警備局が先行していたという記述は、垣見さんとしては、「違うな」というわけですね。

オウム教団対策に関して警備局が先行していた面も、あったのかもしれませんが、その具体的内容を刑事局は承知していませんでした。

――それでは、11月25日の刑事局内での検討会以降の動きを聞かせてください。

基本計画について関係県警察に伝えていきました。12月5日に長野県警察、6日に山梨県警察、12日には神奈川県警察、14日には宮崎県警察に説明をするといった経過です。

――静岡県警は説明対象に登場しないのですね。

ええ。静岡県警察はそこでは登場していません。直接オウム教団関連の捜査対象事件を持っていませんでしたから。

――庁内への説明ですが、警備局には了解を得たといいますが、その後のフォーマルな動きについて教えてください。

4県警察に説明する一方で、基本計画については警察庁で会議を実施しました。長官室で、長官、次長、刑事局長、警備局長、捜査一課長がメンバーです。

――いわゆる御前会議だったのですね。それは12月のいつですか。

15日です。この会議はオウム教団捜査の過程のなかでは一番重要なポイントだと思っています。

――時間にしてどれくらいやったのですか。

1時間ほどだと思います。

――長官室ででしたか。

長官室です。

――そのとき垣見局長が話した基本計画の内容を、具体的に教えてくれませんか。

松本サリン事件の捜査の過程で、オウム教団がサリン生成に必要な原材料を大量に購入していると判明したことや教団に関する各種情報から、オウム教団が松本サリン事件に関与している可能性が高いと判断し、それを前提に、骨子としては次のように計画しました。

上九一色村の施設を捜索する、これがなにより基本です。そのために、まず山梨の元看護婦事件で着手をし、続いて宮崎の旅館経営者事件でオウム教団の拠点施設の捜索・差し押さえをする。これらの実施までに、準備を含めて2～3か月かかるとの見込みで、捜索着手は95（平成7）年2月をめどに想定しているとの説明をしました。この会議において協議した結果、計画自体を一応、理解していただいたのですが、「捜索等の捜査着手の時期を定める」ということにはならなかった。オウム教団の実態解明についてまだまだ捜査が不十分と思われるので、捜索等の着手時期については、「準備が整った段階で改めて検討しよう」ということになりました。

――それは長官の指示ですか。

協議による結論ですが、長官も同じ意見だったと思います。

――この会議では、まだオウムの実態解明が不十分だということで、「一旦改めて」になったという理解でいいでしょうか。

協議の結果をどのように受け止めるかはひとつの問題だったのですが、着手の時期を定めることは「時期尚早」であると理解していました。「それなら今後の進め方、方向としてはどうなんだ」ということになりますが、基本計画の内容・方向については理解をいただいたとして、関係県警察を集めて「作業を進めてください」と指示しています。ただ、捜索を実施する時期をどうするかについては、その時点で、「たとえば、2月ぐらいを目途としてやろう」といった具体的時期は、決まらなかったことになるのでしょう。この会議については、数年前に、新聞記者から取材を受けた際に、「事件の重要ポイントであるこの会議のことは、当時長官だった國松さんもご存じですから聞いてください」と話したことがあります。インタビューした記者からは、國松さんは、「そのような会議のことは覚えていない」との答えだったと聞いています。

二段構え対応の理由

――実態解明のための捜査は不十分であるとの判断が、この12月15日の警察庁首脳会議でまとまるのですが、これをもとに各県の警察と会議をしていますね。

関係県警察の捜査担当者と会議をして、段取りとして、山梨の元看護婦監禁事件で着手し、続いて宮崎の事件で捜査しオウム拠点施設を捜索する方針であることを伝えています。そして「捜索実施等の捜査着手時期は未定ではあるが計画の基本線に向かって準備をするように」と話しています。

――うかがった話の前提として、なぜ基本計画の方針になったのか、そこのところを教えてほしいのですが。なぜ山梨の事件で着手し、次いで宮崎の事件で大々的に捜査に入る、というやり方に至ったのか、その理由といいますか。

山梨の事件は関係者も多くなくて比較的コンパクトですが、新実智光というオウム教団の幹部も捕まえることができ、「その新実を逮捕すれば、教団に打撃を与えることができるだろう」と考えていました。そして教団が動揺しているところで、宮崎の事件で捜査着手し教団の拠点施設を捜索すれば、サリン生成の問題も含めて実態解明ができるのではないかとの判断でした。

――二段構えにするとしたのは、どうしてですか。

山梨にしても宮崎にしても、「県警察の所帯は小さいから、一斉、一挙にはできないだろう」という判断でした。この基本計画を作成するにあたり、警察庁でなにを考えたのかといえば、先ほども出たように、それまでのオウム関連の事案で、評価していたのは熊本県波野村の事件の捜査を参考にすることでした。このときは山梨県下のオウム教団施設も含めて警視庁管内や静岡県下など多くの箇所を捜索していますし、被疑者も逮捕していま す。刑事局では、熊本県波野村の事件捜査をレビューして、来るべきオウム教団の捜査に生かそうと検討を加えていました。そのポイントのひとつは、熊本の場合、柱になる事件は国土利用計画法という特別法犯であって、インパクトが小さかったというか、社会的にも市民の広い支持を取り込むまでにはいかなかったのではないかと考え、捜査に着手する場合には、悪質な刑法犯罪を根拠としたいと考えていました。

――熊本の事件がうまく結果に結びつかなかった理由は、それだけですか。

情報が十分にコントロールできなかったのも一因と評価していました。警察内部に信者がいたこともあって、そこから情報が洩れていた。そういった情報漏洩も絡んで、結局、捜索、差し押さえをする前に、証拠品等は随分隠匿され、どこかに散らされてしまった。基本計画として警察側の作戦を立てるにあたっては、そのような熊本の事件の反省をふまえ、捜索の前には、捜索対象の施設の周辺の警戒配置を実施するなどの措置も必要であると考えていました。また、熊本の事件では、施設の捜索のさいには逃走するなどして身を隠していた教団員が、捜索が終了した後に施設へ戻ってきて活動を行うこととなってしまいました。そこで、捜索を実施した後に活動の再開がされないようにと考え、捜索は大掛かりに徹底して行い、できれば、捜索した施設が再び活動の拠点とならないような手立てを尽くす必要があるとも考えていました。会議のメンバーは、そのようなことを共通認識として基本計画をまとめあげていったのです。

――宮崎は拉致監禁事件ですし、山梨の元看護婦事件もそうです。その点では事件として似たところがあります。とはいえ、あくまで山梨事件は山梨県警が主体となり、続いて宮崎県警において宮崎の事件で第二弾を打つ、ということにしたのですね。

山梨、宮崎といった地元県警察と、松本サリン事件を捜査している長野県警察、オウム教団の重要施設がある静岡県警察、以前から坂本事件の捜査本部がある神奈川県警察の3県警察の協力を得てと、当時の考えでは、山梨、宮崎にプラス3県警察の連合チームという感じでしたね。

——そのように、県警察を縦割りではなく、警察庁の指導で横断的に関わらせて協力関係を作るというのは、当時としてかなり異例の判断といっていいですか。

そうですね。現行の警察制度では、都道府県警察がそれぞれの地域における犯罪の予防、捜査、被疑者の逮捕など、警察責務を遂行することになっています。警察庁は都道府県警察の捜査が競合するような場合には連絡・調整はできるものの、捜査の指揮権はないとされています。ですから、このときのように、警察庁刑事局が宮崎県警察や山梨県警察の事件捜査に積極的に関与し、それらを総合し、基本計画を策定し、その計画に基づいて関係の県警察を動かそうとしたことは、異例の判断・措置と受け止められるのは避けられないと思います。もっとも、熊本県警察が実施した国土利用計画法違反等事件の捜査に際して、警察庁が関与のうえ関係都道府県警察との調整を行い、静岡県富士宮市所在のオウム教団道場、山梨県上九一色村所在のオウム教団施設など合計30か所以上の捜索を実施した事例は参考にしていました。

サリンはまだ極秘事項

――先ほど、熊本事件対処での問題点のなかで、情報漏洩のことがありましたね。その反省から、基本計画の当時、たとえば警察内部の信者の洗い出しというのは実施したのですか。熊本県警の信者については、捜査のときはわかっておらず、途中でわかったわけです。計画にある山梨なり宮崎なり、あるいは他の県警なりで、またこうした間違いが起きれば、当然、致命的になります。洗い出し等の指示は出されたんですか。

いや、地下鉄サリン事件発生の前の段階では、警察職員のなかに信者のいる可能性があるとの前提での調査はしていません。

――それはやはり、信教の自由への配慮ですか。

いや、信教の自由への配慮というより、そこまで思いが及ばなかった。情報漏洩については、警察内部においても情報の重要度に応じてアクセスできる者の範囲を制限するなど配慮をしていて、相手方に情報が漏洩して証拠隠匿などされないように注意し、特にマスコミに対する保秘は徹底しなきゃいけない、ということは随分意識はしていましたけれどね。内部にも信者がいて、そこから情報が漏れるということまでは想定していなかったのです。

──いまマスコミ対策のことを話されましたが、保秘の徹底を意識しつつも、いろいろな県警に基本計画を説明して、対オウムで「ゴー・サインが出た」とも認識される情報が伝わったわけで、やはり読売新聞に抜けてしまったわけですね（次章で詳述）。

基本計画に関していえば、全体の大きな流れについては関係県警察に説明をしています。ただ、核心部分は、ごく限られた範囲内だけで情報共有していたのです。サリンの残渣物が検出されたことを筆頭にしてね。

──サリンが検出されたことは、各県警に知らせてなかったのですか。

この段階では知らせていません。ただ、土壌採取をした長野県警察の一部幹部は知っていたと思いますし、山梨県警察の一部幹部も知っていたと思います。

──本丸として上九一色村のオウム施設を捜索するんだと。そのためにまず山梨の事件で着手して、次は宮崎の事件だと。そういう方針は伝えているのですね。

そうです。

──なぜなら、「オウムとサリンの繋がりが出たから」だと、説明したのですか。

それは言っていません。極秘事項としていましたから。ですから、その情報が各県警を通じて流れたということはないと思います。

──基本計画に戻ってお尋ねします。先ほどお話くださった、準備に2、3か月はかかるとのことですが、準備というのは、サリンが存在することを想定してというわけでしょうか。

捜索を実施するに当たっては、サリンの存在を前提として準備する必要があることは認識していましたが、当時、準備すべきこととして優先順位が高かったのは、地元の検察庁との合意を得なければいけないということでした。次いで、関係県警察に協力してもらうには、それなりに根回しをすることが必要です。事件を抱えている県警察は当該県警察が責任を有している事件だから対処するにしても、事件を抱えていないがオウム教団施設の所在するところでの捜索には、当該地域を管轄する都道府県警察の協力支援をしてもらうことが必要でしたから。

――各県の検察当局はどういった態度でしたか。

山梨にしても宮崎にしても、難航していたとのことでした。

――地検は難色を示していたと。

事件自体にしても、山梨の事件はそうでもないけれど、宮崎は簡単ではありませんでした。先ほども話した通り、親族同士の争いとか、医療行為に絡む問題とか、宗教活動に絡む問題とか、やりにくい面がいろいろあり、難事件は難事件でしたから。

――基本計画を実施すれば、捜索、差し押さえがあり、サリンの問題も出てきます。そうなると、防衛庁などともこの段階で相談されたのですか。装備なども含めてですが。

この段階では、防衛庁とは装備の問題をはじめ具体的に協議などはしていません。着手について最終的に決定してからは、いろいろありますが、これは95年に入ってからです。

――オウム施設の捜索もある計画ですが、人員態勢はどれくらいの規模だったのですか。

11月末の時点では、神奈川、静岡、長野の三県警察よりの協力を得て大体600人ぐらいの態勢でやるという見込みでした。95年元旦に読売のスクープ（次章で詳述）が出ると、情勢が変わってくるのですが。施設のある周辺での土壌採取の際、オウム教団側の見張りと思われる者がいたとのことでしたから、オウム教団側も警察が動いていることを察していたのでしょう。ただし、そのころは「オウム教団がサリンの生成をしている可能性が高いとの判断を警察がしている」というところまでは、オウム教団は知らなかったのだと思います。オウム教団側が準備を整えていないとの前提で捜査着手をするのであれば、実施の際の警察側の要員は600人ぐらいで足りるのではないか、と考えていたのです。

関係県との事件検討会

――確認ですが、基本計画が12月15日の警察庁内部の首脳会議を経てから以降の、年内の動きはいかがですか。

先ほども言ったように、12月中に各県警察との打ち合わせを行い、地検との協議も進めてもらっています。そして12月21日に警察庁内で関係県警察との事件検討会を開催しています。

――関係県というのは。

山梨、長野、宮崎、神奈川の各県警察です。警察庁からは捜査一課長と担当補佐が出て、各県警察からは、担当の課長補佐たちが出席しています。

――会議はどういう内容だったのですか。

報告によれば、4県警察の担当官より、各事案の捜査状況を報告してもらい、警察庁は今後の段取りについて基本的な考え方の説明をしています。そのうえで、「それぞれの持っている事件の捜査を進めてください」となって、その後、役割分担を行いました。「時期は未定だけれども、いずれオウム教団の施設の捜索を実施することとなるので、その準備をしておいてください」との要請もしています。なお、このときの会議に静岡県警察は加わっていませんでしたが、「静岡県警察には警備局の方から連絡をする」ということにしていました。

――22日以降は特段のものはない、でいいでしょうか。

だったと思います。ただ、21日の会議を受けて、宮崎のケースに関しては、翌年の1月

12日にも警察庁の担当補佐が出向いて事件検討をしています。

――なにか事情があったのですか。

宮崎の事件については会議で、「なかなかそううまくは進まないだろう」という見方が出ていました。事件自体が難しいところもあるし、それにもうこの頃は検察と打ち合わせをしていたけど、検察もなかなかオーケーしない。だから、「少しでも前に進めなければいけない」ということで、年明けに追加で検討会を実施したのです。

――そうした前年からの流れもありますが、年が変わると、ほかにも急にいろいろな動きが出てきます。それらもあって、警察の対オウム作戦は、次元が違ってくるわけですね。

上九一色村のオウム教団施設周辺の土壌からサリン残渣物が発見された、との読売のスクープを受けて、オウム教団も組織防衛の動きをし始めましたから、警察も、従来の計画を見直し態勢を整える必要があるとして、具体的には、「警視庁に入ってもらわないとダメなんじゃないか」という考えになってきました。

――5県警態勢での基本計画からの質的転換が求められるわけで、そのあたりは次章の聞き取りで詳しくお聞きしたいと思います。

第3章
事件の続発と態勢構築

1995年1月～3月

警察の動きに対抗するかのように、オウム教団は秘匿と対決の姿勢を強めていく。メディアの動きも複雑に絡み、凶悪事件が続発しだした。拡大する事態への対応を念頭に、警視庁の協力が肝要となってきたそのとき、大崎事件が起こる。これを機に警視庁の参戦があり、対オウム態勢は構築に向かう。

読売の元旦スクープと教団の反応

——1995（平成7）年は地下鉄サリン事件が起こりますが、それ以前の警察の動きをこの章では扱いたいと思います。年明け1月1日に読売新聞のスクープが出ました。「サリン残留物を検出」「山梨の山ろく『松本事件』直後」などが見出しです。ここから聞きたいと思います。スクープに至る読売の全般的な動きは、『新聞研究』1995年7月号で社会部次長の徳永文一さんが書いていますね。94年11月初めに、土壌分析をしている件と、松本サリン事件でオウム教団の線が捜査上に出ている件を、記者が摑んでいたとあります。

1994年秋には、オウム教団を対象にしていろいろな打ち合わせや会議も実施していましたから、警察の動きについては、報道各社も関心を持って取材もしていたと思います。

しかし、「オウム教団施設の周辺の土壌からサリン残渣物が出た」という情報は、極秘扱いにしていましたから、どのようにして漏洩したのかはわかりません。

――この『新聞研究』の記事によると、警察庁の科学警察研究所が、上九一色村の教団施設周辺の土壌からサリン残留物を検出したこと、それから、「オウムが関連会社を使ってサリン原材料の化学物質を大量購入しているルートを、警察が解明しつつあること」を記者が摑んだと。この2つが大きな要因となりスクープが成立したわけです。これらの情報が漏れたことに関して、警察内では何か検証をなされましたか。

特に検証はしていません。私自身は、この情報が報道されたことにより、その後捜査を進めるについて相当の影響があるものと受け止めていましたので、どうして情報が漏れたのか、どのようなルートで漏れたのか、その後、折に触れて、いろいろ探ったりはしたのですけどね。日時が経過し、警察を退職した後ですが、「あれは、(読売の)三沢明彦記者が大阪のほうから情報を取ったようだ」との噂が耳に入ったので、当の三沢記者に直接尋ねたことがあります。しかし答えてはくれませんでした。

――なんとなく、「ここから抜けたな」という心証はお持ちなんですか。

それはありません。しかし、正月元旦の一面トップにスクープ記事を書くのであれば担当局長の私にコンファームがあるのではと思いますが、それがなかったことは今でも気にかかっています。私以外に、読売の正月一面のトップネタをコンファームできる人がいたのでしょうね。

――刑事局内で事件の内容を記したペーパーは回っていたのですか。

極秘情報を内容とするものでしたので、限定した数しか作成していませんでしたが、その内容が土壌を採取したのは山梨県警察とする不正確なものでした。読売のスクープは、そのペーパーに基づいているような内容でしたから、そのペーパーが外に流れた可能性、あるいは見た人がいて外に漏らした可能性はあるものと思っています。なお、刑事局のなかでは、ラインにいる人はもちろん、長野県警察が採取したと承知しています。ただ事情を知らない周辺の人だったら、その印刷されたペーパーを見て、「うん、そうかな」となるでしょう。それで山梨県警察だという情報が流れたかもしれませんが、結局、情報の漏洩ルートはわからなかったということです。

注／情報漏洩問題に関連して

警察庁ＯＢの雑誌『白珪』（第2号、２０２４年11月25日発行）に掲載された「捜査と宗教――オウム真理教事件捜査私録」（村井温著）には次の記述がある。なお村井氏は、熊本県での国土利用計画法違反等事件のさい熊本県警本部長を務めていた。

「（事件における）犯罪自体はそれほど重大とは言えないが、県外にもあるオウム真理教の拠点も強制捜査の対象になることや、それまでのリンチ殺人事件や坂本弁護士一家行方不明事件に鑑み、不測の事態にも対処できるように捜査体制を強化して、平成2年10月に捜索差押えの強制捜査を実施することにし、その旨を警察庁にも連絡した。／ところが、熊本県警としては慣れない大規模捜索差押えの態勢を作るのに時間が掛かってしまい、当初の予定を遅らせざるを得なかった。それに加えて、霞ヶ関から捜査情報が漏れてそれを中央紙が熊本の支局に打ち返したため、一部の報道機関がオウム真理教にウラ取りに行ったりしたこともあって、ほとんどの報道機関が知るところとなってしまった。／また、県警のなかにもオウムの信者がいたので、そこからも情報が漏れたのかも知れない。」

オウム教団の反応

――読売のスクープでは、「（山梨、長野）両県警では、全国警察の協力を求め、サリン生成に使う薬品の購入ルートを中心に、捜査を急いでいる」と出てきます。こうした情報はどこから得たと思われますか。

長野県警察がサリン生成の原料の購入状況を捜査していましたので、取材をすればわかったと思います。原料を販売した会社側としても、「変な団体に売ってしまった」と、戦々恐々だったところがあったようです。

――11月に策定された基本計画では、警察は2月を目途に大捜索に着手しようとしていた。それが結果的に延びてしまったのですが、延びた要因として、読売スクープがあったということですか。

読売のスクープ記事により、オウム教団に対する捜索時期が直接影響を受けたとは思っていませんが、あの記事によりサリンとオウムの関わりが公になり、捜索着手に当たっての、態勢をどのようにするか考え直す必要が出てきました。作戦の進め方が定まりにくくはなりましたよね。そこに阪神淡路大震災が起きた（1月17日）。震災では警察でも被害者の発見・救出を始めとしていろいろな対応があり忙殺されて、落ち着くまでひと月かかりました。それから今度は、2月の初めから末にかけて、人事異動があったのです。山梨の本部長が交代し、警視庁の刑事部長、捜査一課長も変わった。それらがあって、対オウム作戦を進めていくのが影響を受けたのです。

――一方、読売のスクープはまた、オウム教団の動きにも影響を与えたようですね。

オウム教団側はすぐに反応しました。異臭問題については、その日のうちに「付近の産廃業者が処理しないから、異臭が出ている」と言い出しましたし、後日、逮捕したオウム教団幹部が話をして判明したことですが、スクープを受けてからオウム教団のほうは迅速に動き、施設内に所持していたサリンを廃棄処分するなどの証拠隠滅工作が行われたとのことです。

――工作というのは。

サリンを廃棄処分する行為ですが、それを実施したあと、サリン生成のための設備があった施設内を改修してマスコミに公開しています。

――公開というのは、スクープのどれくらいあとでしたか。

その前に記者会見が、4日か5日かにありました。そこでオウム教団側は、「われわれも被害者である」と言い、「女性信者がサリンの被害を受けているんだ」との主張をし、日時は覚えていませんが、その後に、オウム教団の施設である第6サティアンと第7サティアンを、報道関係者に公開しています。こうした一連の流れで、「オウム施設ではサリンなんか作っていないよ」と対外的にアピールした。内部を見た報道関係者の感想は、「不審な点はあったけれど、なんということもなかった」とのことだったと聞いています。

――他方、警察側の動きとして、ヘリを飛ばして、上九一色村のオウム施設を空から撮影していますね。

1月10日に実施しました。空からオウム教団施設を撮影した映像が、防衛庁の担当者に施設の状況を判定してもらうために必要だったからだと思います。

――10日に撮影して、すぐに防衛庁に持ち込んだのですか。

ええ。まもなく防衛庁から返事があって、「やはりこの施設は化学プラントだ」との見解であり、加えて「撮影当時はもう、稼働していないのではないか」との見解でした。

被害者の会会長事件と公証役場事務長事件

――95年1月における、警察庁内部の動きは、どういったものでしたか。

第2次調査というか、「もう一度オウム関連の事件調査をしよう」となり、1月13日に実施しています。その調査では、事件に結びつくような新しい事案は見つからなかったのですが、その前の1月4日には、オウム真理教被害者の会の会長を襲う事件が発生しています。被害者は突然路上で倒れて慶應大学病院に搬送されたのですが、担ぎ込まれてから、被害者の安否確認をする身元不明の人からの不審な電話が病院にかかってきたのです。その情報を警察庁が得て、被害者の経歴や被害状況を勘案すると「事件の可能性があるのではないか」と考え、警視庁に連絡して調査するように指示したところ、警視庁から、調べた結果として「自殺の可能性が大だ」という報告がありました。

警察庁としては、オウム関連の事件だろうとの見立てだったのですが、病院の検査結果でサリンのデータは出なかったことが根拠となり、警視庁としての判断が出たようです。当時の警視庁に対して、その段階で警察庁が把握していたサリンとオウム教団の関係について開示していないにせよ、警視庁においても、オウム教団がいろいろ悪さをしていると いうことは把握していたはずです。この被害者の会会長の事案について、捜査の現場には「ちゃんと調べてほしい」ということで、警察庁の担当官から警視庁の捜査一課に要請しています。

ただ警視庁のほうは、「捜査をした結果であり、刑事部長にも上げている」というので、がっかりしたわけです。刑事局の反応は、「そんなことないだろう」だった。オウム被害者の会の会長がこの時期に襲われたのですからね。会長にはいろいろな病気の症状があり、一方、病院の鑑定は「サリンに関する特有の症状はなかった」というものでした。それもあって、「農薬かなにかを使った自殺ではないか」となったのです。この報告を聞いたとき、私にも「これを機に、警視庁もオウム教団捜査に加わって欲しい」という思惑があったので、余計にがっかりしました。

――被害者の会会長襲撃事件がオウムの犯罪だとわかったのは、結局、いつ頃だったのですか。

地下鉄サリン事件が起きて、オウム教団関係者が捕まり出してからです。大阪でも同じようなＶＸ使用殺人事件が起きていたことがわかり（94年12月12日発生）、警視庁管内でもほかに、中野でＶＸを使った殺人未遂事件が起きていた（同２日）。これらはあとになって繋がり、被害者の会会長襲撃事件も会長を殺害することを企て、東京都港区内の路上で、VXの液体をかけ中毒症の傷害を負わせたオウム教団信者が関与した犯罪だと判明しました。後日談ですが、（オウム教団元代表の）麻原（彰晃・元死刑囚）が逮捕され地下鉄サリン事件の捜査が一段落した95年6月頃に、井上（幸彦警視）総監と面談した際に、「被害者の会会長の被害事案について、発生当初の判断は適切ではなかったと思います」と話をしたところ、井上さんは気分を害されたようでした。

――この時点でまだ、警視庁を引き入れるための手立ては、なかったということですね。

ええ、残念ながら。警察庁としては、オウム関連の事件だろうと思ったのですが、結局、病院の検査結果でサリンのデータは出なかった。それが根拠となり、警視庁としての判断が出たのかもしれません。もっとも使われたのはサリンでなく、VXだったのですから。

――都内では、先ほどお話があった詐欺事件（土地をオウムの名義にされ、野方署に相談があった件）もすでに起きていましたが、警視庁はオウム関連の捜査をしていたのかというあたりは、警察庁に報告していなかったようですね。

警視庁管内に関しては、オウム教団が法人格を取得したのが東京都でしたし、活動拠点となる施設として、江東区亀戸に新東京総本部道場、中野区野方にはオウム真理教附属医院があったほか、支部や関連の企業も多くありました。そのなかで、特異な事案として、

93年6月から7月にかけて亀戸の教団施設の周辺に強い悪臭が漂い、付近住民がオウム教団に抗議するといった事案が発生しています。また、オウム真理教附属医院に絡む相談事案や入信に絡む各種相談事案も多くありました。個別には対応していたものと思いますが、特異な動向のある団体として一元的に把握し、事案を掘り下げることまでは行われていなかった。それもあって、刑事局の調査指示には回答してもらいましたが、警視庁から、オウム教団が注意を要する団体であるとの情報等が提供されることはありませんでした。

――垣見局長としては、「警視庁も対オウム作戦のチームに入れたい」と、当時強く思っていた。オウムはサリンと繋がっているんだというのが、はっきり見えていたからですね。警視庁の戦力が加わったほうがいいはずであり、だったらその段階で、警視庁に情報を開示して、一緒にというか、いい意味で巻き込むというのか、そういう考え方はなかったのですか。

1月段階では、そのような考えはなかったですね。警視庁に、オウム教団に関して基本計画を説明して情報を共有したのは、2月の人事で警視庁刑事部の責任者が石川重明部長になってからです。また、山梨県警察でも2月の半ば（10日付）に近石（康宏）本部長から加地本部長（隆治、のち秋篠宮の皇嗣職大夫《だいぶ》）への交代人事があり、転任挨拶という名目で加地本部長が私のところへ来ています。その折に、対オウム対策について基本計画に基づき説明をし、「今後の段取りはこうなっている。山梨は主戦場になるので大変だよ。準備をよろしく頼む」と話しました。

――さて、前述した2024年5月開示の「松本サリン事件の捜査概要」（警察庁刑事局捜査一課、96年2月作成）では、1995年の1月上旬と2月の上旬に、なんらかの捜査方針が示されたようで、この部分は黒塗りになっています。これまで垣見さんから聞いてきたなかで、特段のイベントというのは、話のなかに出てこなかったのですが、何か心当たりというか、この時期に何かあったご記憶はおありでしょうか。捜査の方針をめぐってです。

すでに話してきたように、95年は元旦に読売の記事が出て、オウムの側でも反発して告訴するとかいう話があり、それから被害者の会会長襲撃事件がありました。それらに対して、大がかりな会議というわけじゃないけれど、その時期も、断続的にいろいろ検討してきたことは確かです。2月はまた人事異動があったから、断続的な検討会の際、新しい人に「どういう段取りで話をするか」と考えていた記憶があります。ただそこで特段の方針が出たわけではないはずです。「当初の見込みというか、段取りでは、どうもうまくいかないだろう」といった話は、出てきたとは思いますが、阪神淡路大震災に関する業務が一段落した2月中旬までの間に、重要な方針を協議検討した覚えはないですね。

規模は3000人態勢

――2月28日になって、公証役場事務長逮捕監禁事件が起こります。目黒公証役場事務長が品川区の路上で拉致された。遺留指紋などからオウム教団が関わったとして、これでようやく警視庁が動きだし、オウム捜査の戦列に加わっていく。

そうです。その数日前にあたる2月24日、刑事局内で今後の方針を検討しています。私と篠原弘志刑事企画課長、中島勝利捜査一課長、稲葉室長がメンバーで、大捜索は「3月の初めぐらいに着手しよう」という方向で話し合いました。

――「着手しよう」というのは、当初の方針通り、山梨と宮崎の事件でということですね。

そうです。「態勢として、だいたい3000人ぐらいはいるよね」といった話も出ています。

――規模はだいぶ大きくなったのですね。

遡った11月段階では、600人くらいの態勢で行くということでしたが、サリンの情報やオウム教団の動きなどの情勢をふまえると、「もはやその規模ではどうか」となり、「やはり大部隊で行かないといけない」という話になったのです。

――それでこのときは、3000人でいくとなったのですね。

そうです。

――既定方針通りに山梨の事件、宮崎の事件で行く、ということだったんですか。それは変わらないでと。

そうです。

――大幅に増やしたぶんは、どういったところから調達するつもりだったのですか。

3000人の規模だと山梨、宮崎プラス神奈川、静岡、長野の5県警連合では人数的に無理です。警視庁を加えなければいけなかった。「やはり警視庁に加わってもらう必要がある」となり、「それは長官から警視総監に話してもらう必要がある」というので、その件は私から長官にお願いすることとなりました。

――直後のタイミングで公証役場事務長逮捕監禁事件（事件概要は後述）が起きたのですね。

そうです。これで流れができた。ことさら警察庁から助力を要請するまでもなく、警視庁自身が管内で発生した事件の捜査活動として、オウム教団の事件捜査に参画することとなりました。この大崎署管内の事件（大崎事件）が発生しなかったら、警視庁を含めた態勢づくりは、より時間がかかったと思います。

――オウム教団の攻撃的な動きが、かえって警察の態勢づくりに有利に働いたことになります。

そういう見方ができるかもしれません。

――関連してお尋ねしますが、佐々淳行『後藤田正晴と十二人の総理たち』（文藝春秋）のなかに、94年11月段階で警察庁が上九一色村の捜査陣容を600としているのを、後藤田さんが3000人と進言し、「それによって捜索が延期された」とまで書かれていますが、実態は違いますね。

どうしてそのような話が出てくるのかわかりません。後藤田さんは基本的に、マスコミに見せびらかすようにして警察官を大々的に動員して捜査するようなやり方は嫌いな方と思っています。私は以前に、その趣旨の発言をしたことを聞いたことがあります。ですから、書かれたような発言があったとの話は得心できません。後で話に出ますが、その後私が、国会で後藤田さんに呼ばれたとき、「こんな大々的にやって、どうするつもりだ」という感じで「サリンが出なかったら、お前どうするつもりだ」と言われたのです。だから佐々さんの「3000に」というのは、話としてどうかと思います。

――細かいところですが、麻生幾『極秘捜査』にも、「3000名の機動隊を動員してライフル班も放水車も、毒ガスマスクも化学防護服も準備してやる『大警備実施』だ」と、後藤田さんが言う場面が出て来ます。こちらの発言はいかがですか。

警察庁や警視庁でいろいろと検討して、オウム教団施設の捜索に当たっては「サリン散布や銃撃戦ありうべし」と想定して準備していましたから、その話を耳にして、後藤田さんがコメントしたことはあるかもわかりません。

注／公証役場事務長逮捕監禁事件（大崎の事件）

教団の在家信者だった目黒公証役場事務長の妹（62）は、このままでは教団に全財産を取り上げられてしまうと思い、兄である事務長に教団からの脱会を相談し、身を隠した。教団幹部らは、同女の居所を聞き出すために、1995年2月28日、公証役場から帰宅途中の事務長を拉致して上九一色村の教団施設に連れ込んで全身麻酔薬を打ち続けた結果、副作用により事務長は死亡した。教団代表麻原の指示により、教団幹部らは事務長の死体を焼却し、遺骨を近くの湖に遺棄する。

最高検へ説明に行く

——話を戻して、2月24日の刑事局内会議後の動きについて、教えてください。

24日の会議ではまた、「検察にオウム教団捜査に協力してもらう必要がある」との話が出ました。宮崎県警察では宮崎地検と、山梨県警察では甲府地検と交渉していましたが、この時点までには、オウム教団関係事件の捜査をすすめることについて結論が出ていなかったので、私と捜査一課長が最高検察庁に行くこととなりました。

――いつのことですか。

日付までは思い出せませんが、刑事局内の会議があった後で2月末か3月初めだったと思います。最高検では山口悠介刑事部長と話をしましたが東條伸一郎検事も陪席されました。

――そこではどのような話をされたのですか。

私がまず、「1月末の段階で、オウム教団がサリンを作り、所有している可能性が高いと判断していて、その量は推定すると相当量となる」と説明しました。

――相当量というと。

長野県警察が集めた原材料のデータを基に、警察庁で量を試算した。そうしたら1トン前後から、場合によって6、7トンぐらいまで持っている可能性がある。1トンでも、東京の人口の4分の1ぐらいの人が亡くなるか、亡くならないまでも、ほとんど瀕死状態になる量ですと試算内容を説明しました。

――だいぶインパクトのある話だったと思います。

そのような説明をしたうえで、「上九一色村の教団施設周辺からサリン残渣物が見つかり、同施設内にサリンを作るプラントがある可能性が高いと判断しており、松本のサリン事件もオウム教団が関係している可能性が高いと判断している」「オウム教団の関与する事件として宮崎と山梨で捜査を進め、地元の県警察では検察庁と打ち合わせをしてはいるが、必ずしも順調には進んでいない」ということも説明しました。併せて「サリン事件の解明に不可欠と考えているので、宮崎と山梨の事件の捜査を進めたい。その方向でバックアップしてほしい」「この事案は、刑事事件として扱うには割り切れないものがあるかもしれないが、公安に関わる事件を扱うとの感覚で取り組んでほしい」とお願いしました。山口さんからは「基本的に了解だ」「できるだけの協力はする」という趣旨のお話をいただいたと記憶しています。

――垣見局長からの要請を受けて、山口刑事部長はどうされたのかは、わかりますか。

具体的にどのような動きをされたのかわかりませんが、おそらく山口さんはすぐに検事総長にも話を上げて、最高検としても「協力してやろう」ということになったと思います。実際に、それ以降は、山梨の事件や宮崎の事件を扱う現地の検察庁の対応も捜査を進めることに前向きに対応してくれたものと受け止めています。ですから、大崎の公証役場事務長事件、その後発生した地下鉄サリン事件の捜査についても、検察庁とはうまく連携が取れて、オウム教団の関与する一連の事件を処理してもらいました。もちろん事件の捜査に関して、警察側と検察側とで意見の違うところもないわけではなかったのですが、基本的には、事案の重要性を理解していただきバックアップしてもらったものと大変感謝しています。

警視庁の積極参画

——公証役場事務長逮捕監禁事件は2月28日ですが、これが起きたことで、3月初めを目途に実施を目指していた基本方針は影響を受けたのですね。

影響というか、検討のし直しですよ。警視庁管内での発生事件を、全体計画のなかでどのように位置づけするかということが、要素として加わったのです。これは余談になりますが、28日には、先ほども話したように、警視庁捜査一課の責任者が寺尾課長に変わったわけですが、寺尾課長はご承知のように、いわゆる「ロス疑惑」事件を含めて、さまざまな難事件をこなしてきたし、オウム教団に関しても、このときすでに対応経験がありました。教団が「真理党」を結成して選挙に出たとき、幹部信者の岡﨑一明が選挙資金を持ち逃げした事件が起こり（90年2月）、この事件の捜査を担当したのが彼です。横領事件だから本当は、捜査一課がやるのもおかしいんだけどもね。そのときの経験がある寺尾課長なら、オウムについてそれなりの予備知識を持っているはずだし、それらの実績から寺尾課長の事件判断や捜査指揮は期待できると思っていました。

注／いわゆる「ロス疑惑」
1981年にロサンゼルス市内で起きた銃撃事件で妻を殺害、保険金をだまし取ったとして三浦和義元社長が殺人罪などに問われた事件。マスコミによるセンセーショナルな報道がなされ、元社長のメディア露出と併せて世間の耳目を集めた。元社長は85年9月に逮捕され88年には起訴されるが、発生から20年以上を経て最高裁で無罪が確定した。

――寺尾さんとの関わりは、このときがはじめてですか。

いいえ。ちょっと話が前後しますが、前年8月の段階で、松本サリン事件の捜査の進め方を考えている最中に、当時鑑識課長だった寺尾さんに松本の事件でなかなか目処がつかなくて困っているので意見を聞かせてほしいとして、「捜査線上に浮かんでいる人物の容疑の見極めが出来ないで困っている」との話をして、意見を求めたことがありました。寺尾課長のアドバイスは、「捜査を徹底すれば、容疑のない人は白くなります」というものでした。河野さんには大変なご迷惑をお掛けしてしまいましたが、河野さんについては以前に勤務していた薬品会社も含めて、容疑の有無についての捜査が尽くされたものと思っています。だから、そういう意味で、河野さんはもう容疑者ではない。決めつける決めつけないというよりも、捜査によってそこに至った。寺尾課長にアドバイスもしてもらったのが、ひとつの結果に結びついたものと思っています。まさに寺尾課長のアドバイスの通りだったわけです。

——それもあって、寺尾新捜査一課長には期待したのですね。

寺尾新課長は2月28日に就任したのですが、後日、公証役場事務長逮捕監禁事件を担当した大崎署の刑事課長だった方に話を聞いたところ、28日当日は異動の日なので現場には来られなかったが、寺尾課長の指示で警視庁本部から捜査一課の管理官がすぐ大崎署へ飛んできて捜査指揮をしたそうです。そのような迅速な対応もあって、早い時期に犯人にたどり着くことになったと思っています。

——大崎で公証役場事務長事件が起きたことをお聞きになって、垣見局長としては、すぐに警視庁に連絡を取りましたか。

起きた段階では直接コンタクトはしませんでしたが、この事件については、早い段階でオウム教団絡みの事件であるとの情報が入り、「これで警視庁が戦線に加わり、オウム対応の舞台が整った」と思いました。ですから寺尾課長には、早々にオウム教団に関する警察庁の基本的な方針・考え方を説明しています。

——それで一段階、レベルアップした新しい舞台ができた。「警視庁中心に行ける」ということになったのですね。ここから対オウム作戦については、再検討を加えながら、警視庁と警察庁で具体的に進めていく、という流れができるわけですか。

そうです。3月7日には、警察庁は私と篠原刑事企画課長、中島捜査一課長と稲葉室長、警視庁は寺尾捜査一課長で検討会をしています。この時は、まず寺尾捜査一課長から公証役場事務長事件について「被疑者が判明し、オウム教団の信者である」との報告があった。これで一連のオウム教団対応も、警視庁を含めて積極的に行う態勢となったのです。その時点での警視庁側の段取りとしては、まず都内のオウム教団施設を捜索し、次の段階で、上九一色村のオウム教団施設の捜索を実施するという方向でした。

——それは警視庁の意向ですか。

そうです。警視庁です。

——何の事件でということでしょう。公証役場事務長の事件ですか。

そうです。通常の状態であれば準備の関係もあり、また、大規模の態勢にするとすれば秘密の保持で難しくなることもあり、早い時期に、まず都内の教団関係施設を捜索するとの段取りとなるのですが、刑事局としては、上九一色村のオウム教団施設を捜索して、サリンの製造・所持の証拠を入手することが重要と考えていたので、「都内の施設を捜索して、次の段階で上九一色村の施設の捜索をするのではなくて、一斉に捜索をする段取りとしてほしい」との要請をしています。

——これは一旦、持ち帰りになるのですね?

そうです。持ち帰って警視庁内部で検討するといった対応でした。その時に寺尾課長からは、「被疑者が判明したとの情報はいずれ報道機関に察知されてしまうので、早期になんらかの手を打たないといけないですよ」との話が出ていました。

3月22日実施決定

――大捜索を3月22日にやるというのは、いまお話された7日の話し合いの過程で出てきたわけですか。

いいえ、その後です。

――では、22日実施決定に至る具体的な流れを教えてください。

この検討会から1週間経った15日に、地下鉄霞ケ関駅の構内にアタッシェケースが残置されている事案がありました。

――霞ケ関駅アタッシェケース事件といわれるもので、教団が捜査の攪乱を狙ったものだといわれています。

ちょうどその日に、寺尾課長から連絡があり、「大崎の公証役場事務長逮捕監禁事件の被疑者が判明したとの捜査状況が、報道機関に察知された」とのことでした。犯人が割れたという情報が、知られてしまったのです。そして、「そのような状況なので捜索は早急に実施する必要があります。準備が間に合わないので、上九一色村の教団施設の捜索を実施するとしても、本格的な捜索はできないですよ」というのです。この時のやり取りはもう打ち合わせではなく、刑事局として、「上九一色村の教団施設の捜索も本格的にやるように、再度警視庁で検討するように」と打ち返しています。

——緊迫したやり取りですね。

翌16日には、刑事局の稲葉室長が寺尾捜査一課長と、どういう段取りで捜索をするかについて協議をし、それを受けて17日には警察庁内で、私と刑事企画課長、捜査一課長と警視庁の刑事部長、捜査一課長とで再び検討会を実施しました。そして協議の結果、「3月22日にやりましょう」となった。警視庁としては、早い時期の捜索実施の考えを持ってはいたのですが、上九一色村のオウム教団施設の捜索の重要性を理解し、また、サリンの危険性に備える準備のための時間を考慮して、22日に上九一色村の教団施設も含めて一斉に捜索することとなりました。

——ここで日にちが出てくる。上九の施設への大捜索は22日と決定したのですね。

そうです。それに合わせて、防衛庁に対して、防護服などの装備品貸し出しを正式に申し入れています。

——17日に決定された。その22日はあとわずか5日後ですね。

そうです。

――日にちが前に戻りますが、3月7日の検討会があり、次に3月16日に稲葉室長と寺尾課長が捜査の段取りについて話し合った、とおっしゃいましたが、その間の動きで、ほかになにかあったか、教えてください。

警視庁では、段取りをいろいろ検討していたと思いますが、その内容は承知していません。私としては、いま話したように、3月15日に警視庁の寺尾捜査一課長のほうから「どうも秘密が漏れたらしいので、なるべく早く捜索に入りたい」との連絡があったのを受けて、「やはりちゃんとした準備が必要だから、それをやったうえでやらなきゃね。時間がかかるんじゃないの。そんなにすぐはできないんじゃないの」という対応をしたと記憶しています。

――警備局が「準備もしないでできるか」と強硬に反対したとも伝えられています。

あまり明確には覚えていませんが、上九一色村のオウム教団施設の捜索実施については、刑事部門の捜査員だけではなく、機動隊の部隊も出動することになり警備部門も関与することになりますので、この時期に、警察庁内においても刑事局の担当者と警備局の担当者が集まって、捜索時期と、準備する装備資器材などについて協議検討が行われたとの記憶があります。この協議の際に、そのような意見が出たのかもわかりません。

19日の秘密会議

――いよいよ警察としても、オウム事件で最も重要な局面を迎えます。地下鉄サリン事件まであと3日、大捜索まであと5日の時点で、大きな判断がなされたのですが、この「3月22日にやる」というのは、漏れなかったのですか。

まもなく警察が動きだすということは、報道機関もある程度、わかっていたのではないですか。

――その時期はオウムに関する取材や報道も、相当さかんになっていました。情報を漏らさずに済む状況を超えていたといいますか。当時、新聞社はだいたい知っていたと思います。「ぼちぼちだな」というのはあった。そうすると、オウム教団側も、「ぼちぼちだな」というのは、察知していたのかどうかですが。

うーん、捜索をする日付まで察知していたかどうかは、わかりません。

――しかし22日捜索が17日に決定し、そのわずか3日後の3月20日に、あの地下鉄サリン事件が引き起こされたというのは、タイミング的にも気になりますね。なにかしらの情報が、どこからか漏れていたのではないでしょうか。日付まではわからないにしても、「もうすぐだ」とオウム教団側も捉えていたように見えます。それで反撃に出たと。

22日を捜索実施日と定めて、短期間のうちに、一気に準備をしていったわけですし、防衛庁より借り入れた防護服の着脱訓練も実施しています。準備の段階で大勢の人間が関わっていましたので、どこからか情報が漏れる可能性はあったと思います。日付までは正確にはわからなかったのではないでしょうか。警察側としても、もう少し遅い日程の選択もあったからです。

――どういった理由ですか。

実は日程選択の考慮要素として統一地方選挙がありました。

――95年は4月9日と23日に全国で地方選挙が予定されていましたね。

そうです。選挙を前にすると、警察では、取締り等の準備が前倒しで行われるのです。3月中には、各都道府県警察において選挙に備えて、公職選挙法違反事案の予防、検挙や要人警護など選挙活動に関する態勢を整えることが必要となります。その選挙対応との兼ね合いをどうするかというのが、頭から離れないところもありました。大がかりな捜索についていては、場合によっては、選挙のあとということもあるのかなと。対オウム教団問題では事態も日々切迫していましたが、選挙のことと、捜索実施に向けての防護服の準備が間に合うのかといろいろ考えて、22日で本当に良いのかどうか迷いもあったのです。

――ぎりぎりまで、垣見局長も迷っていたと。

もう実施まで時間もないなかでも、捜索の実施の段取りも含めて私には迷いがありました。それもあって、3月19日の日曜日に、麹町の東條會館に警視庁と警察庁の捜査幹部が集まり、「今後どんな段取りにするのか」「22日に予定通りやることでいいのか」について協議をしています。

――このときは日曜日に実施したのですね。

確かに日曜日です。

――それだけ緊急性があったのでしょうが、本庁で実施しなかったのはなぜですか。目立ちたくないということですか。

本庁は使えなくもなかったのですが、日曜日に本庁に出ればマスコミの目にも触れるしね。

――時間は何時頃でしたか。

明確には覚えてないけれど、午後だったと思います。

――参加されたのは、いつものメンバーですか。

警察庁は私、（中島）捜査一課長と稲葉室長。課長補佐がいたかもわかりません。警視庁は（石川）刑事部長と（寺尾）捜査一課長です。この時、論点になったのは、すでに再三出てきたテーマですが、「捜索実施の日程も絡んで、上九一色村の施設の捜索を一斉に実施できるかどうか」ということでした。この件は、完全に固まっていたわけではなかったのです。いろいろな意見があって、警視庁からは一旦都内の施設を捜索して、それから上九をやるという考えも示されました。

——結局、地下鉄サリン事件が起こるまでは、そういった、二段階の余地もあったのですね。

その時点でもまだ、警察内で意思が固まっていたというわけではなかったのです。捜索を二段階で実施するかどうかは警視庁と警察庁で、必ずしも意見が一致していなかった。それもひとつの理由として、19日の会議が行われたのです。もちろん「大々的にやる」というのは揺るがず準備も怠りませんでしたが、二段階問題については、まだ揺らいでいました。都内でやり、それから上九一色村でというのは、それを二段階方式と言えるのかどうかはわかりませんが、「両方を同じように大々的に、全面的にやる」という話ではなかった。だから19日段階までは、まだ「一斉」が明確ではなかったのです。

直前まであった意見不一致

——それで20日を迎えるわけですね。

都内の教団施設及び山梨県下の教団施設の2正面を、同時かつ本格的に捜索実施する方針が最終的に決まったのは、地下鉄サリン事件のあった日の翌日21日の段階でした。「ここに至れば、警視庁としても都内及び山梨県下の教団施設を一斉に捜索をする」との決断が警視庁においてなされたのです。

——確認ですが、捜索の日取りについては、早く捜索したいと言っていた警視庁の立場からすると後ろ倒しになったとしてよいですね。

警視庁の当初の意向からすれば後ろ倒しになったと言っても良いと思います。一斉に捜索するには、準備のための時間が必要だというのがありました。それは刑事局の見解であり、準備への懸念についての警備局の意見もあったと思います。大々的に捜索する際は、機動隊も出動させるなど警備部部隊も大量に動員しないといけないとのことで、警備局も関与して、いろいろ意見交換がありました。加えて、先ほども話したように、実施日について、地方選挙との関係から22日実施でいいのかとの迷いもあった。ですから、22日実施との情報がオウム教団側に漏れ、「2日前の20日に反撃された」という見方については、「それはどうかな」と思っています。

——3月20日にオウムがあの事件を起こすと決めたというのは、後日の裁判の結果をふまえると、いつということになっているのですか。

麻原を中心にした車中謀議があり、そこで決まったとのことです。

1995年3月22日、オウム真理教東京総本部へ捜索に入る警視庁の捜査員（写真は朝日新聞社）

――車中謀議は本当に直前ですね。３月18日にあったとされます。このときは警察にせよ、また相手のオウム教団にせよ、半日とか数時間単位で、重要な判断というか、物事が進んで行った様相があります。垣見局長としては、そのときやはり、準備の問題が、頭を大きくよぎっていたわけですか。

準備、準備ですよ。なにより大きかったのは、「サリンが散布される可能性、危険性があるので、防護服はちゃんと用意しなきゃいけない」ということです。防衛庁からの調達はできましたが、調達しただけではダメで、着脱訓練もしなければいけない。そういった準備の関係もあって、やはり結局、22日がリミットというか、ギリギリのところだったのです。

――最低5日ぐらいはかかると。そうなると最速で5日後だったというわけですね。

そうです。警視庁にしても、「もっと早くやりたい」という意向はあったのです。その辺はせめぎ合いですよ。そのあたりは、私の判断にも繋がりますが、警視庁側から見たら、「大崎の事件の捜査は、警視庁の判断で実施できるものであるにもかかわらず、警察庁の刑事局長が口を出して早期の実施に反対したから、地下鉄サリン事件も起こされたんだ」と受け止めた人がいたかもしれません。

――防護服は結局、何人分調達されたのですか。

正確な数までは覚えていませんが、オーダーは1000単位でやっています。3000か4000くらいでしょう。それくらいのオーダーで防護服などを借りている。上九一色村の大捜索は2500人規模でしたが、実際現地に行った人は、大部分、防護服を使ったようです。このあたりになると、現場では、時々刻々の動きがありました。それぞれの動きは、今となってはドラマのように見えるかもしれません。

――地下鉄サリン事件前日にあたる19日の東條會館での検討会でも、まだ流動的なところがあったわけで、そうした実状が警察上層部であったというのは、この事件の警察側対応が、いかに日々「動いて」いたかを伝えてきます。

東條會館で検討している最中にも、大阪から緊急の連絡が入りました。「大学生が拉致監禁されたので、捜索したいのですが、どうですか」と。オウム教団から脱退しようとした大学生の監禁事件です。「別に構わないから、進めてください」と言っています。この事件では被害者を救出し被疑者も逮捕したのです。なお、この大阪の事件の着手が地下鉄サリン事件敢行の引き金になったという説もあるようですが、それは関係がないと思います。

――先ほどのお話で、19日の段階でもまだ迷いというか、そういったものがあったとのことですが、東條會館での検討会では、結局、22日の一斉捜索実施を確認するということで収まったのですね。その辺はもう揺るがないと。

検討会議の結果を受けて、私は、翌20日に長官と打ち合わせを行い警察庁として捜索の実施日時、捜索の段取りを最終的に決めないといけない、と考えていましたが、地下鉄サリン事件が発生したので、状況は全く変わってしまいました。

――まさに地下鉄サリン事件の当日です。

長官との打ち合わせの準備もあったので、20日の朝、私は若干早く杉並の家を出て警察庁へ向かいました。当時、通勤には地下鉄を利用していて午前8時20分前後に霞ケ関駅に到着しました。

――そこでご自身が、事件現場に遭遇したのですね。次章ではそのところから、お聞かせください。

第4章

地下鉄サリン事件

1995年3月20・21日

大捜索実施のわずか2日前、大都市の中心で史上まれなテロ事件が発生した。本章ではその日と翌日における、刑事局長および警察庁内部の動きを時々刻々に追う。警察庁・防衛庁合同会議での激論や、警察庁上層部での脅威認識のずれなど、警察内部の緊張状況が垣見局長の視点から語られる。

霞ケ関駅で事件に遭遇

――地下鉄サリン事件の当日朝、垣見局長自身が霞ケ関駅で下車したわけですが、同駅での事件発生は8時10分頃といわれます。垣見局長が駅に着いたのは、それから10分後の8時20分頃ですね。車両から出たとき、すでに駅は騒然とした状況だったのですか。

もうごったがえしていました。マイクで「早く出てください」と駅員さんが連呼しており、駅に降りた乗車客で混雑していました。ようやく地上に出たら、消防車や救急車がたくさん出ていました。

――その頃は官舎住まいではなかったのですね。

官舎に移るのは後日で、その時は、自宅に住んでいました。

――車での通勤ではなかったのですか。

1995年3月20日、地下鉄サリン事件発生直後の日比谷線築地駅付近。地上に運び出された乗客は救急車などに収容された（写真は朝日新聞社）

車を利用して通勤することもできたのですが、自動車で青梅街道を経由して警察庁まで来るとすると朝の時間帯は道路渋滞に巻き込まれることが多く移動に時間がかかるので、地下鉄を利用して通勤していました。

――この日は、長官との打ち合わせを控えていたということですが、出勤前や移動中などで、電話を使った長官とのやり取りはなかったのですか。

それはしていません。

――霞ケ関駅の地上では、すでに消防車や救急車が出ていた状況だったとのことですが、そこからどうされたのですか。

警察庁へ向かいました。

――周りを見て、「これはたいへんなことが起きた」という感じはあったのですね。

「何事かな」という感じでした。そのときはまだ事情がわかりませんでしたから。

——オウムだなとは思いませんでしたか。

霞ケ関駅での混乱に遭遇した時点では、そのようなことは頭にうかびませんでした。この時の出来事で記憶に残っているのは、地下鉄丸ノ内線に乗車中、新宿駅を過ぎたくらいでしたか、車内放送で「日比谷線がトラブルの発生から止まっています」という放送があったことです。その時点では、トラブルの内容はわかりませんでしたが、日比谷線でサリンの被害が出ていたのだと思います。

——電車通勤では秘書官も付けず、1人で出勤されていたのですか。

そうです。

——当日の動きをくわしく教えてほしいのですが、8時20分頃、霞ケ関駅に着いて、地上へ上がって以降は、普通に警察庁入りしたのですね。

地下鉄駅構内から地上へ出て、人事院ビル内の警察庁の事務室へ入りました。

——事件については、どういう報告があったのですか。

細かくは覚えていませんが、現場の状況が次々と入ってきました。

——基本的には局長室にいたのですね。

ええ、局長室です。

――垣見局長としては、事態に直面して、まずどのように動かれていましたか。

今後の捜査の段取りをどうするか、関係者と打ち合わせをしなければならなかったので、とにかく情報を集めました。

――「サリンだ」という情報はいつ入りましたか。

警察庁には、比較的早い段階で「サリンの可能性が高い」との情報が入りました。

――比較的早いというと、何時頃ですか。

午前中の10時頃だったと思います。当初はさまざまな情報が乱れ飛んでおり、テレビでは、全く違う薬剤だという情報も流れていたとの記憶があります。警視庁では、早い段階で「サリンだ」との見立てがなされ、「だとしたらオウム関係だろう」と考えていたようです。

――「やられたな」というのはありませんでしたか。

「不意を突かれた」という感じでした。

テロルの認識

――サリンとわかり、オウムの疑いが濃くなった段階で、なにを考えましたか。

予定していた通りに22日に大捜索をするのかどうかが大きな関心事でした。迅速にやるべきこととして、被害の原因はサリンであるという情報を開示し、病院へ手配する必要もありました。警視庁のほうで比較的早い段階で公表しています。治療に支障がないよう措置をしたと思います。サリンであることがわかった段階で、刑事局では、防衛庁に連絡を入れて、いろいろと援助してもらう手立てをしました。

——早い段階で事件に使われたのはサリンだということで、警視庁では寺尾捜査一課長が情報を出していますね。垣見局長は何時頃、どういうルートで、サリンだと聞いたのですか。

時間はよく覚えていませんが、警視庁から現場の状況が上がってきて、そのなかで原因はサリンだという話は聞きました。

——事件のときの受け止め方について、改めてお尋ねします。霞ケ関駅というと、行政の中心地であり警察庁の足元です。そこで死者やけが人が出たわけで、その事態を、垣見局長はどう捉えたのですか。

衝撃は大きかったです。先ほども話したように、比較的早い段階にあちこちからいろいろな情報が集まってきており、被害発生場所を地図上に記すと東京の中心部から広がる地下鉄網の各所に被害が発生しているとの事態でしたから、計画的なテロ事件だといった受け止め方をしました。

――オウム教団に対しては、「もう少し早く捜索しよう」という考えも警察にはあったと聞きましたが、事件を目にして、「あれをやっておけば」という気持ちになりませんでしたか。

早く上九を捜索しておけば、との思いはありました。

――けれど、お決めになる立場におられたわけでしょう？

もっと早い時期に捜索を実施するとの選択肢はあったのですが、結果的に実施時期を22日として、20日以前にはやらなかったのです。それは「地下鉄サリン事件の発生をどうすれば防げたのか」という問題に繋がるのですが、多大な被害が発生する結果を招いてしまい反省すべきことは多々あります。

「一斉に」の最終判断

――事件のあった20日は、以後庁内で検討会の連続となるわけですね。

ええ。この日は、情報を集めるのと、今後の段取りをどうするか話し合うことで終始しました。

――何時くらいまで続いたのですか。

夜遅くまでだったと思います。

——あれだけの死者が出たというのは、何時頃、明らかになったのですか。時間を追うごとに、刻々と死者の報告も上がってきたわけでしょうか。

細かい時系列は覚えていませんが、刻々と死者数が報告されたというのではなかったように思います。あるいは上がってきていたのかもしれませんが、その時は、「今後の捜査をどうするか」に集中していて覚えていないのかもしれません。

——テレビがさかんに伝えていましたね。テレビは付けっぱなしだったのですか。

確かそうだったと思います。

——もっぱらNHKでしたか。

いや、そこまでは覚えていません。ただ、テレビ報道も見ていましたが、それよりもっと詳細な情報や報告が随時上がってきていました。

——長官、次長とも、たびたび打ち合わせをしたのですね。

ええ、そうです。

——それぞれ何回ぐらいあったのですか。

いや、回数までは覚えていません。

——かなりの回数でしたか。

行ったり来たりをしていましたから。

――今後の段取りをどうするかという話は、20日当日、あるいは翌日にかけて続いたようですが、結局、どういう経過を辿ったのですか。

警察庁内では、大捜索は「予定通りに実施」という話で進んでいました。ただ実際に実施するのは警視庁ですから、最終的には警視庁でどのような判断をするか、ということだったと思います。こちらは、警視庁の判断を待つという立場でした。

――大捜索は「一斉に」か「二段階か」の迷いが直前まであったという話はすでに聞きましたが、「一斉に」という局長の最終判断は、地下鉄サリン事件のあと、どの日付のどの時間で決したのですか。

20日の事件発生を受けて、警視庁が一斉捜索を実施すると決断したのは21日だったと思います。

――会議による合意ですか。

いえいえ、それは警視庁から報告がありました。次長経由で聞いたようにも思います。

――その日は何時ぐらいまで、局長室でお仕事をしていたのですか。

遅くまで執務していましたが、時間は覚えていません。その数日あまりに多忙で、後日、私は疲れて一日中家で寝込んでしまったこともありました。

――20日を乗り切られて、翌21日に、警視庁の判断をふまえ、局長として実施のゴー・サインを出したということですね。

それは実施主体である警視庁が「22日、予定通り上九一色村の施設を捜索する」とした判断を、刑事局においても了承したということです。

想定外の攻撃

——先ほどテロという認識を話されましたが、地下鉄サリン事件が起きる前の時点で、「オウム真理教が、なにかしら大規模なテロを行う」という情報は全くなかったのかどうかについてお聞かせください。

そのような情報はありませんでした。これまでに説明しましたように、上九一色村のオウム教団施設を捜索するということで準備をして、その場合にどういう事態が想定されるかを検討してきました。その検討の過程で、教祖以下信者たちが集団自決する可能性もあるのではとの想定もありましたし、サリンを使って警察部隊に対して反撃をするというのが最悪のシナリオとして想定されていたわけです。その意味で、教団のサリン使用というのは、危機意識のなかにたえずありました。

——具体的なところをお聞かせください。

それについては準備をしなければいけない。防護服を借りるというのも含めて、いろいろと時間もかかります。警視庁からは早期実施の要望もありましたが、私は、「準備をちゃんと整えて、やらんといけないよ」というようなことを言っていたわけです。

——その時点で、地下鉄サリン事件が起きたことになります。

向こうから打って出られたわけです。こちらが攻めたときに反撃をされるというのは、ひとつのシナリオとして想定していましたが、地下鉄サリン事件のような、向こうからサリンを使ってテロを引き起こされ、攻撃をされることは全く予想していない事態でした。

——予兆というわけではないでしょうが、先ほども話されたように、事件の前の15日、地下鉄構内に不審物がありましたね。霞ケ関駅で見つかったアタッシェケースです。

オウム教団の施設を捜索するための準備をしていたときでしたから、気にはなっていました。事案は公安部が対応して、一時は極左の仕業ではないかとの疑いも持ったようですが、真相は不明になっていました。その時点で、鋭敏な感覚を持っていれば、オウム教団の敢行した事案であり、「テロの前兆だ」と捉えることはできたのかもわかりません。

——もう一度うかがいます。3月22日の本格捜索が、2日の差にせよ、地下鉄サリン事件の「あと」になってしまった。これについて、当時どうお考えになったか、もしくは現在はどうお感じになっていらっしゃるか、改めて聞かせてもらえませんか。

大崎の事件からは、「やはりオウム施設を捜索して、サリンの生成処理、またそれを使った事件の解明をなんとかしなくてはいけない」という思いが、ますます強くなっていました。こうしたなか、上九一色村のオウム教団施設を含めて捜索する準備を具体的にしていたのですが、ちょうどその時期に、地下鉄サリン事件が発生してしまった。しかも、多数の方が犠牲になってしまったのですから、臍《ほぞ》をかむ思いでした。世論の批判も一気に大きくなり、大変なプレッシャーでした。

——あのときは世の中全体がたいへんな衝撃を受け、マスコミも連日の報道で、確かに警察へのプレッシャーは増しましたね。そのさなか、責任ある立場として、事態をどのように考えていたのか、という点ですが。

そのような状況でしたが、地下鉄サリン事件発生の前に計画していた山梨県上九一色村に所在するオウム教団施設の捜索は、予定通り実施することが出来たので、その捜索により得られた資料等を活用して、オウム教団によるサリン生成の実態とともに、松本サリン事件あるいは地下鉄サリン事件との関連を解明し、関係する被疑者を逮捕しなければならないと考えました。それまでも、熊本の事件を材料に事前検討を重ねてきたし、大崎の事件の捜査もきちんと行いましたが、やはりそれだけじゃ駄目で、地下鉄サリン事件後でもあり世間一般の批判に応えられる捜査をして、松本サリン事件なり地下鉄サリン事件をなるべく早く解決しなくてはいけない。そのための段取りとして、ひとつは宮崎旅館経営者営利略取事件と山梨の元看護婦監禁事件に、なるべく早く手をつけないといけないと考えました。

――国民的関心にはどう応えようとしたのですか。

国会でも、松本サリン事件発生後の警察の対応、オウム教団とサリン事件との関連性、地下鉄サリン事件の捜査の状況などについて厳しい質問が出され、その対応に追われるところもありました。ただ一方で、地下鉄サリン事件の発生により多くの国民の方々が不安感を持つようになっていたので、事件捜査を迅速に進めるだけではなくて、不安感を少なくするための手立てを講じることが大事であると考え、サリン関係の法案を提出し、国会で審議していただいております。

その結果、95年4月19日にはサリン等による人身被害の防止に関する法律が制定され、同月21日に公布・施行されました。他方、地下鉄サリン事件に関与しているのではないかとの疑惑を持たれたオウム教団側は、報道機関からの取材に応じるだけではなくて、テレビ番組にも積極的に出演して、教団はサリン事件と無関係だとの主張を繰り広げ、それをマスコミも大々的に取り上げる状態でした。

――当時、メディアを通じたオウム側の攻勢はたいへんなものだったと覚えています。

いまになれば、もうちょっとやりようはあったと思います。それに対して、3月から4

月にかけて警察においては、サリンとオウム教団の関係について、オウム教団施設から押収した化学原材料の分析や同施設内の化学プラントの残留物の分析を行っている段階でした。オウム教団の幹部を次々に逮捕してはいたのですが、松本サリン事件や地下鉄サリン事件に関わっていたとの供述を得るには至っていない状態です。そのため、オウム教団側の宣伝攻勢に有効に対応することは困難でした。こうした事情もあったのですが、警察庁の記者クラブも含めて、マスコミの人たちの期待に反してしまい、マスコミの方々に不満を鬱積させる結果にはなったと思います。

注／オウム幹部の逮捕

この時期に逮捕された主要幹部は次の通りである（すべて4月）。6日／岐部哲也（教団防衛庁長官）、7日／外崎清隆（同自治省次官）、8日林郁夫（同治療省大臣）、12日／新実智光（同自治省大臣）、20日／早川紀代秀（同建設省大臣）。

上層部での脅威認識の相違

――オウム事件に関する本のなかに、地下鉄サリン事件が起きたまさにそのとき、垣見局長は國松長官に会ったさい、「警察の負けです」と話したと出てきます。それで國松さんが、「負けってことはないだろう」と返して、怒ったと。いろいろな本にそう書いてあります。そうしたやり取りは、実際どうだったのですか。

そのような発言をしたかどうか覚えていません。もっとも、「負けた」という表現をしたのかどうかは別として、地下鉄サリン事件の発生が予期していなかった衝撃的な事件であったことは間違いなかったわけで、当時の私が、「やられた」と大変落胆していたことは事実です。当時のやり取りで記憶に残っているのは、長官に、「オウム教団の起こす事件というのは、警察だけでは背負いきれません。いろいろなところから力を貸してもらって、対処しなければならないと思います」との趣旨の発言をしたことです。

――対する長官の反応はどうだったのですか。

長官は、「そんなことを言わないで、警察の力できちんとやるんだ」とのご趣旨の返答でした。ここでの私の発言に対して長官が不快感を覚え、それが何らかの形で他の人に伝わり、長官が激怒したとの話になったのかもわかりません。

――そのやり取りは、いつ頃のタイミングであったのですか。

地下鉄サリン事件発生の直後だったと思います。

――さて、垣見局長は霞ケ関駅で事件に遭遇したといいます。ご自身に事件そのものの影響はあったのですか。

地下鉄の駅構内を出て、刑事局の事務室へ入ったときに、「部屋が暗いな」と言った覚えがあり、その時に瞳孔が縮むなどの身体症状が出ていたのかもわかりません。

——病院にかかるなどはされなかったのですか。

サリンによる症状とは思わなかったので、医師の診断は受けていません。急なことで、そこまで頭が働きませんでした。

——着ていたものはどうされたのですか。

以前イギリス・ロンドンへ行ったとき、アクアスキュータムのコートを買ってきていて当日、そのコートを着ていました。10年くらい経て古くはなっていたものの愛着があり、なかなか捨てられなかったのですが、有毒ガスが残っているかもしれないとのことで断念して捨てました。

防衛庁との合同会議

——対オウムについては、事件が続く騒然とした時期、防衛庁とのやり取りで緊迫した場面が既刊書に登場します。防衛官僚・秋山昌廣さんの『元防衛事務次官　秋山昌廣回顧録』(吉田書店)では、こう出てきます。

「警察庁の刑事局長(垣見隆)から相談があったんですよ。〔中略〕(先方は)自動小銃を購入して相当持っていると。〔中略〕だけれども、警察としては、これを最初から自衛隊に治安出動をお願いする案件とは考えない。今でも覚えています。『ここは警察の美学と思ってください。我々が突入して、倒れたら、後はお願いします』という話だった。私のほうは『分かりました』と言った」

ええ、そう出ていました。

――ただ実際には、自動小銃だったらたとえ1丁でも警察の装備する拳銃では対応できないだろうから、「一応、準備派遣で自衛隊も集結させた」（同）という記述に続きます。このやり取りは、秋山回顧録では、5月16日朝の麻原逮捕のくだりのすぐあとに出てくるので、文の流れでなにかその時点の出来事かとも思わせるのですが、そうではなさそうですね。

私も秋山さんのこの本を読み、内容はともかく、時期については「え、そうだったかな」と思いました。

――3月21日、つまり地下鉄サリン事件（20日）と施設大捜索（22日）のちょうど真ん中にあたる日に、午後3時少し前から午後5時の間で、防衛庁と警察庁の合同会議が行われたようです。垣見局長が出る会議ではなかったのですね。

その会議に私は出ていません。

――会議は強制捜査に関わるメンバー総勢20名ほどのもので、最悪の事態として、ラジコン・ヘリを使った空中からのサリン散布も想定されていた。そうした事態に関する意見交換で、たとえば『極秘捜査』には、警察は自衛隊とジョイントすることなく独自の作戦計画でやるとすでに決めていた、と出てきます。自衛隊側は、「予想される最悪の事態に対して最小限のことは準備しますので」と返答するにとどまったとあります。秋山回顧録の記載は、この時期が合うように思われます。「美学」のやり取りがまずあって、それをふまえてジョイント会議の経緯があったようにも見受けられますが、時期の問題とともに、なにより、やり取りそのものはあったのですか。

秋山さんとは、その記述に繫がる内容を話したことはありますが、秋山さんが防衛局長になってからです。

——3月時点なら秋山さんは経理局長で、防衛局長になったのは4月21日ですね。

秋山さんが防衛局長になった後に私を訪ねてきたことがあります。丁度そのとき私は席にいなかったので、すぐ追っかけて秋山さんと会い話をしました。このときに秋山さんは、「いわゆるシビリアンコントロールの下にあるべき自衛隊が、少し出過ぎたのではないか」との危惧をお持ちだったようでした。秋山さんから、「当時はどのような状況だったのですか」と聞かれて、私は、「捜索は警察が行うことですが、警察力では対応できかねる事態が起きる可能性もなくはないと考えていました。そのような事態となった場合について、警察としては、自衛隊に対応を頼むことになるとの考えを持っていました。しかし、捜索実施前の時点で、警察から自衛隊にそうした事態への対応措置を準備してください、とのお願いをしたわけではありません」との趣旨の話をしました。秋山回顧録の記述では、3月22日の大捜索に入る前に交わした会話と受け取れますが、会話をした時期は、大捜索の実施を目前としていた時期ではなく、4月になってからだと思います。

――そうでしたか。のちになって「当時はこういう心境だった」と話したのが、緊迫した書き方なので、読む者には、大捜索直近のやり取りのように読めたのかもしれません。いずれにしても、垣見局長の覚えとしては、当時を振り返って、という話題のなかに出てきたわけですね。大捜索直前のやり取りではないと。

ええ。大捜索を準備していた時期の事情を聞かれて、その際、私の考えていたことを話したものです。「とはいえ警察として、とくに頼んでいたわけではありませんよ」ということも含めてね。ただいま言ったように、「警察力では対応しかねるというか、限界を超えるような事態もあったら、そのときはやはり自衛隊にやってもらわざるを得ない、とは考えていました」というようにも、話したはずです。そういう趣旨のことはね。

――わかりました。やり取り自体は当時あったわけでなくとも、垣見局長の当時の心境ではあったのは確かですね。

そうです。

——お二人の対話の件はさておき、大捜索が3月21日の午後3時少し前からの合同会議で、警察庁側と防衛庁側との間で、厳しいやり取りはあったようですが、いかがですか。

先ほど話したように、私はその会議には出ていません。ただ後からいろいろと話を聞くと、脅威の見積もり等の説明に際して、自衛隊側からは「(限界を超えるような事態となった場合は)どうする考えなのか」と言われ、「警察力の限界を超える事態になったときの具体的対応策までは詰めていない」との説明をしたところ、防衛庁・自衛隊側から「予想される事態に備えて準備すべきであるのに、いい加減だ」との発言もあるなど厳しいやり取りがあったようです。

——出席されていなくても、事前に警察側メンバーと、「こういう言い方をしよう」みたいな打ち合わせはされたのですか。

防衛庁・自衛隊との会合への対応について、事前に打ち合わせを実施したかどうか覚えていませんが、会合を前にした警察内部での捜索実施に関する検討の場で、私は、「警察力で対応できないときには、やはり自衛隊に対応してもらうことにならざるを得ない」との話はしており、それが共通の認識になっていたと思います。

——会議に出る人たちに対してですね。

ええ。もっとも会議出席のメンバーに留まらず、刑事局内の認識としていました。

第5章

教団拠点の大捜索

1995年3月22日〜3月中

上九一色村教団施設への2500人態勢の捜索は、国内ではテレビがリアルタイムで伝え、国際的にも報道された。オウムの脅威への認識がまちまちだった全国の警察は、全組織を挙げてオウム教団に取り組む姿勢を明確にした。刑事局長は関連通達を出すとともに、国会対策、メディア対応に忙殺される。

後藤田氏より投げかけられた質問

——そして3月22日、上九一色村のオウム施設への大捜索の日を迎えます。施設内部に進入したとの連絡は、午前7時45分だといわれます。上九一色村の現場はテレビが生中継しました。その様子はどこで見ていましたか。

テレビは長官室で見ていました。防護服を着用した物々しい恰好の警察部隊が、行進し、オウム教団施設へ向かうところが放映され、その光景は忘れられません。長官も「こんな大々的にやるのか」とびっくりしたような様子でした。

——ここにこういう態勢で行くとの具体的な情報は、事前に入っていたのですか。

捜索実施のための動員人数や装備などは、事前に説明を受けていました。

——垣見局長はこの日、国会に呼ばれていますか。

捜索実施当日に参議院予算委員会に出席し答弁しています。また、捜索実施後にも国会の委員会には何度か呼ばれています。

――そこでの発言はどういうものでしたか。

オウム教団施設の捜索に関する質疑を始め、オウム教団の関連の質疑があり、種々答弁をしました。

――国会で後藤田正晴さん（当時、衆議院議員、元警察庁長官）とのやり取りがあったわけですね。どんなことを言われたのですか。

日時の記憶は明確ではありませんが、22日ではなかったと思います。その後に出席した委員会で、質疑が終わり散会になってからでした。後藤田さんは委員会室に残っていて、その席に呼ばれたのです。その場で後藤田さんは、「オウム教団施設に対して、今回、大々的な捜索を実施したが、捜索の結果、もしサリンが出なかったら、どうするつもりだ」との質問が投げかけられました。

――そう聞かれるだろうとは、どこかで思っていましたか。

いいえ、思いがけない質問でした。

――「もし出なかったら」という言い方ですが、捜索した当日は、サリンがあるかどうかは、まだわからなかったのですね。

原材料の薬品類は多数押収しましたが、捜索後すぐには内容が判明していなかったものが多かったと思います。サリンが発見されたとの報告は、まだ聞いていませんでした。

――サリンは出なかった、というわけですね。

その後、押収物の内容を分析し確認もしていますが、押収されたものの中にサリンはありませんでした。後でわかったことですが、この時にはすでにオウム教団側が処分しており、サリンの現物自体は施設内に残っていなかったのです。また、サリンを作っていたかどうかについては、施設内に設置されていた製造設備を調べて、設備内の残留物を分析鑑定することとしていました。ですから、サリンを作ったかどうかについても、捜索を実施した当初の時点では明確にはなっていませんでした。原材料があるから、当然サリンを作ってはいたんだろう、とは思いましたが。

――その時点で、警察庁の大先輩といえる後藤田さんから、「どうするつもりだ」との言葉があった。垣見局長として、どのようにお感じになられましたか。

先ほども言ったように、予想外の質問であり、戸惑いました。なぜ、そのようなことを聞くんだろうという受け止め方でした。20日に地下鉄サリン事件の発生があり、結果的には事件の後手となってしまいましたが、22日着手で準備していたオウム教団施設の大捜索は大きなトラブルもなく実施でき、これからオウム教団への捜査も本格的に行おうとしていた矢先でしたから、警察庁長官経験者で警察業務に理解の深いはずの後藤田さんが、なぜ、激励ではなく批判的なニュアンスでそういうことを聞くのかと、違和感を覚えました。ただ、後藤田さんは、多くの警察官を動員して、華々しく大々的に捜索をやることに批判的な見解を有していることは私も承知していたので、その延長線上の問いであろうと解釈していました。

――そのうえで、垣見局長としては、どのようにお答えしたのですか。

私は、「その場合の責任は、どう考えているのか」とのご下問と受け止め、「責任を問われるでしょう」と答えました。加えてその場合は、「私が責任を取るだけでは不十分であると思います」とも、お答えしています。

――それはどういう趣旨だったのですか。

「長官あるいは国家公安委員会委員長の責任も、問われることになるかもしれません」との趣旨でお答えしたつもりです。

サリンとカナリア

――わざわざ垣見局長を呼んで質問をしたのは、後藤田さんは、サリンが出ない可能性について、かなり強く思っていたのではないでしょうか。垣見局長としては、そういう受け止め方はなされませんでしたか。

後藤田さんが、サリンの存否についてどのような考えを持ち、どのような意図で、質問をされたのかは、わかりません。質問された時期、質問の内容から、この出来事は、後々も気になっていましたが、深く考えることはしませんでした。地下鉄サリン事件が起きた後に、上九の施設を捜索しても、すぐにサリンを作っていた証拠が出てきたわけではなく、オウム教団がサリン事件に関与したかどうかは判明していない時期でした。そういった段階での質問であり、上九の大捜索は実施しましたが、捜索自体は大崎で起きた公証役場事務長逮捕監禁事件を根拠にしたものでしたから。

――別件と言われれば、別件捜査であるわけですね。

ええ。ですから、その時点になっても、「サリンが出なかったらという見方があるんだな」というのは、後藤田さんから言われたその時にそう感じたかどうかは別として、思わないことはありませんでした。私自身、それまでずっと、「いつ捜索するのか。いつ捜索したらいいのか」というのを悩んでいた段階もあったものですから、上九の大捜索をする時点、すなわち相当煮詰まった時点でも、「サリンが出なかったら」という、そういう見方があるんだなというのは、私のひとつの感想ではありました。

――先ほどの質問の繰り返しになりますが、佐々淳行『後藤田正晴と十二人の総理たち』

で、後藤田さんが「もっと大規模にやらなくてはいけない」と言った、と出てきますが、垣見さんのお話された委員会でのエピソードは、後藤田さんの反応としては真逆ですね。

ええ。佐々さんは、少し筆が滑ったのではないかと、私は受け止めています。

――地下鉄サリン事件が日本社会に与えた物凄い衝撃を考えると、防護服姿の2500人による捜索態勢というのに対して、「そこまでは大掛かりすぎる」という意見を持つことに、却って不思議な感じがするのですが。

実情を知らない人は、物々しい捜索の様子を見て、「異様な状態だ」と思ったのではないですか。あのような態勢で行われた捜索を素直に当然だと受け止めた人は、必ずしも多くはなかったと思います。私たちは、オウム教団がサリンの原材料を大量に入手していて、サリンを生成して、松本サリン事件や地下鉄サリン事件に関与している可能性のある危険な集団であるとの前提で見ていましたから、「あの態勢での捜索実施は当然だ」との見方でしたけれども。

1995年3月29日、オウム真理教の施設で、防護服に身を固め、カナリアを手に建物に入る捜査員（写真は朝日新聞社）

――大捜索は国際的にも話題となり、米紙の「ニューヨーク・タイムズ」では、防護服とカナリアの写真がどっと出ていた記憶があります。あのカナリアはどこから来たアイデアだったんですか。

私は、「炭鉱で有毒ガスを探知するとき、カナリアを使うんだよ」という話をヒントにしたと聞いていました。

――防衛庁からアドバイスがあり、それでカナリアを持って行ったとの指摘もあります。

それが事実なのかもわかりません。

部門を超えた共同対処

――さて、大捜索開始後に全国の警察本部長宛に通達が発信されています。これは警察庁の並々ならぬ決意を示す重要なものだったようで、その後のオウム追及オペレーションの基本になった、と記載した本もあります。この通達発出の経緯について聞かせてもらえませんか。

3月22日付けで次長通達が出ていますが、内容は、「総合的組織体制の確立」「取締りの徹底」「視察警戒活動の強化と特異動向の把握」を柱とするもので、地下鉄サリン事件の発生を受け、それまで一部の都県警察と警察庁の一部部局が取り組んでいたオウム教団対

策を、各都道府県警察を含む全警察組織において取り組む課題であることを明らかにした内容で、画期的なものであったと思います。通達を出すに至った経緯について、記憶していることは多くありません。ただ、オウム教団の脅威についての認識は、警察の内部においてもまちまちであったものでしたが、地下鉄サリン事件の発生により概ね共通の認識となったことから、全警察組織を挙げてオウム教団対策の実施を内容とする通達が出されることになったものと理解しています。

この通達に続いて、3月23日には刑事局長通達を出しています。内容は「オウム車両の実態把握の推進」「不審物発見時の措置」「職務質問を拒否した場合の措置」などが骨子です。オウム教団関係者が使用している車両に着目しての職務質問を全国レベルで推進する通達であり、教団関係者の使用する車両番号をデータ化していた神奈川県警磯子署捜査本部の情報を活用したもので、長官の指示があったとの記憶です。各部門を超えて1つのチーム、プロジェクトチームを作って対応しようという内容で、これは大変効果がありました。

――続く24日深夜0時過ぎに、警察庁の幹部が長官室に顔を揃え捜査オペレーションの大方針を決定したといわれています。公証役場事務長逮捕監禁事件、地下鉄サリン事件、上九一色村オウム拠点の捜索は、これまで通り刑事部門中心に捜査を行う。これだけで刑事部門はフル回転になるので、幹部など犯人の追跡や教団の実態解明などは警備部門が行うといった内容だとされます。これに関しては、垣見局長の判断が反映されたと見てよろしいでしょうか。これまでの聞き取りで、「刑事部門は抱えた対象だけでも前代未聞の捜査になるので、公安の方に少しやってもらいたい」とのお考えを持っていたとの話がありました。國松長官狙撃事件後、この事件は警備局（公安）担当とするというので、警備局マターの件が出てくるのですが（次章で詳述）、その前の段階からあった話ということですか。

その点については記憶に残っていませんが、先ほど話題に出ました全警察組織を挙げてオウム教団に取り組むとの方針が出されたので、警備部門においても犯人追及・発見・逮捕に向けて積極的に取り組むこととなったものと思います。刑事局としては、前年（1994年）の秋頃から警備局に対しオウム教団対応について協力を要請してはいましたが、この時期に、ほぼ全面的と言えるような警備・公安部門の役割分担の方針が出されたのは、刑事局の意向が反映されたというより、オウム教団の脅威が机上の空論ではなく地下鉄サリン事件として現実のものになったことを直視してのことと思います。

警察庁幹部の警護

――さてこの時期の話の中で、不愉快だとは思われるのでしょうが、垣見局長がオウムに対する警戒心から24時間2人のSPをつけ、昼間はトイレも1人で行けず、夜は自宅に帰らずホテルを転々としていたと伝えたものがあります。

4月2日に自宅から麹町の公務員宿舎へ移り住みましたが、その前後も含め自宅へ戻らずにホテルを転々とした事実はありません。また、SPが24時間ついていたこともありませんでした。ただ、SPの件ですが、執務で外出するときには警視庁より派遣された警護員が同行しており、私が庁内で執務しているさい、刑事局内で待機していたと思われます。そこから、24時間SPがついていたと評されたのかもしれません。外出も控えるなど相当警戒をしていましたし、ナーバスにもなっていたのでエレベーターに乗るときも乗客を確認するまでは乗らない、といった対処はしていました。

――2人でなくとも、またSPでなくとも、とりあえず警戒の人が付くという事実はありましたか。

宿舎の警戒は常駐態勢だったかもわかりませんが、私の身辺にSPが24時間ついていたことはなかったと思います。宿舎からの送り迎えのときは、複数の警察官が来て出入りの際の周辺をチェックしていましたし、しばらくの間は通勤の車に警察官が同乗していました。

――垣見局長だけではなくて、たとえば次長であるとか、こういう人たちもやはりそういった警護レベルだったのですか。

家を転居したのは私の意思でしたが、それ以外に警戒警備の方法について私から特にお願いしたことはありませんから、私のところだけ手厚い警備が行われたのではなく同じようなレベルでやっていたと思います。長官狙撃事件前には、地元の警察官が住居を点検して、敷地内の暗いところについては照明灯を設置するようにとの助言指導があり、異状がないかの見回りがありました。

――長官狙撃後は、次長とか、ほかにもたとえば警備局長とかは、垣見局長と同じような警護態勢だったのですか。

それまでの警戒態勢が強化されましたが、同じレベルだったと思います。

――そうなると、変な話ですが、なんで垣見さんだけ、このように書かれたかということです。書かれた背景事情みたいなものについて、なにか推察はされますか。たとえば佐々さんの本は24時間2人のSPが付くとか、割と具体的ですね。

佐々さんは、地下鉄サリン事件後の3月22日に大捜索に着手した直後は、警察の取組について、比較的好意的な論評をしていたとの記憶です。その後のいつごろからか覚えていませんが、私に対して厳しい論評をするようになりましたので、私は嫌な思いをしていましたが、どのような意図や考えがあって、そのような見解となったのかは、わかりません。

――佐々淳行さん自身とはお会いになっていますか。

警察庁入庁の年次が10年以上、上なので親しいというわけではありませんが、何度かお会いしたことはあります。

注／佐々淳行氏は本来、1954（昭和29）年における、警察庁の前身・国家地方警察本部への入庁組である。ただし庁内では「警察庁29年採用」として通用していた。

――佐々さんはマスコミによく通じており、メディア的な存在感は小さくなかった人です。書いているものが面白い、というのはあるので、取りあげられやすいのでしょう。あさま山荘事件の本が著名ですが、その前にも海軍士官についての本があった。

筆は立つ方で書かれたものを読みますと確かに面白いですね。

――ほかにも佐々さんの本では、後藤田さんの発言を引きながら、坂本弁護士一家事件のときから北朝鮮工作員犯行説みたいなものもあったようだと記しています（『後藤田正晴と十二人の総理たち』文藝春秋）。警察のなかではそういった可能性について論議があったのですか？

警察の内外で、そのような話が出ていたのかもわかりませんが、私は関知していません。

サリン立法

——さて、次の大きな山として國松孝次警察庁長官の狙撃事件（3月30日）があるわけです。それまでの1週間は、国会対応であるとか、マスメディアへの対応、オウムへの対応であるとか、そういうことを日々なされていたのですか。

専ら国会対応です。それからサリン立法も比較的早い段階で取り掛かりました。

——立法の経緯をよりくわしく教えてください。

多国間つまり国際的な条約として、化学兵器禁止条約を我が国も署名はしていたのですが（92年9月、国連軍縮会議にて採択、日本は93年1月に署名。なお批准は95年9月である）、国内法が整備されていなかったので、地下鉄サリン事件が起きる前月の2月に、「化学兵器の禁止及び特定物質の規制等に関する法律」（化学兵器禁止法）を成案にして国会に出そうという動きが政府内でありました。外務省や通産省（当時）が主導していて、警察庁も意見を求められ、警察庁刑事局としては、オウム教団のサリン保有疑惑を念頭に置いて、「（化学兵器禁止法に定める）特定物質の製造・所持については重い処罰規定にしてほしい」と要望していましたが、化学兵器禁止条約の枠組のなかでの法案であるとのことで、警察庁の要望に応じることはできないとなり、特定物質の所持については緊急逮捕はできないような比較的軽い刑罰を内容とする法案になります。この法案は95年3月30日に、国会の議決を経て法律として成立しています（同年4月5日公布、5月5日施行）。

――それもあって、地下鉄サリン事件のあと、新たにサリン立法を整備した、という流れが生まれるのですね（サリン法と化学兵器禁止法の関係は後述）。

そうです。警察による対オウム作戦が次第に進展していくのですが、多くの人たちが不安感を抱く状況が続きましたので、その不安感を少しでも軽減する方策としてサリン立法の作業を行い、国会で審議いただき成立することになりました。

――どういった経緯でしたか。

サリン立法の関係省庁は法務省、通産省（当時）、警察庁であり、サリン立法をどのように進めるかについて関係省庁の局長レベルで協議した結果、立法作業は、これまでの経緯からサリンのことについて知見を持っている警察庁で行うこととなり、原案は、警察庁が作成しました。地下鉄サリン事件発生の直後でしたから、関係省庁との調整も円滑に行われ、国会での審議も順調に行なっていただき、法案を立案してからひと月足らずで4月の半ばには成立しています（サリン法の経緯と立法趣旨は後述）。

――政府の対応も協力的だったですね。

そうです。ほかにも、この種の事件は世論に対する配慮が大事であり、状況が悪くなった時には、やはり政府レベルでもきちっとメッセージは出してもらわなきゃいけない。そういうことで、当時の村山富市総理大臣からは、最終的には4月末ぐらいの段階でメッセージを出していただいた。政府関係者とのこうしたやり取りについては、のちほどまた事情をお話しいたします（7章）。

注／サリン法と化学兵器禁止法の関係

たとえば、サリンを所持していた場合、化学兵器の製造の用に供する目的を持って所持していた場合は、化学兵器禁止法第3条第3項違反として7年以下の懲役又は300万円以下の罰金（同法第39条第3項）となるが、砲弾、ロケット弾などの兵器の製造の目的がない場合は、同法では第16条の特定物質の所持の制限違反として1年以下の懲役若しくは50万円以下の罰金（同法第44条第3号）となる。一方、サリン法によれば、サリンの所持（除外規定あり）については、同法第3条違反として7年以下の懲役（同法第6条第1項）となり、発散目的で所持した場合は、10年以下の懲役（同法第6条第2項）となる。

注／サリン法（サリン等による人身被害の防止に関する法律）の経緯と立法趣旨

【経緯】

1995年3月22日：政府はサリンの製造、所持等を取り締まるための緊急立法を国会に提出する方針を明らかにした（閣僚懇談会にて野中大臣発言）。
同年4月18日：法律案を閣議決定し、同日国会に提出。19日：国会（衆・参両議院にて）可決し、成立。21日：公布、施行（一部〔罰則規定など〕を除く）。

【立法趣旨】
「サリンは、化学兵器にも用いられるほどに殺傷能力が強く、しかも人の殺傷以外にその用途が認められない反社会的な毒性物質でありますが、このサリンの発散、製造、所持等やサリンの製造を目的とした原料物質の所持等を人の生命及び身体の被害を防止する観点から有効に取り締まる法規がなく、また既存法令の罰則の適用等によってはサリンを使用する不法事犯を的確に取り締まることが難しいという現状にあります。

また、サリンは強い毒性を有し、かつ極めて即効性の高いものであるため、それが発散された場合等には直ちに所要の措置をとる必要があるところから、その旨の規定を整備する必要が認められるのであります。」（1995年4月19日、参議院地方行政委員会における野中大臣による趣旨説明）

捜査の主力は警視庁に

――さて、オウム拠点の大捜索は、それまで計画して積み上げてきたものが実施されたわけで、この時点で、どのような思いがありましたか。

振り返ってみますと、3月22日の大捜索が実施されたことで、警察庁刑事局としての大きな役割は終わったと言える状態になったと思います。警察庁が全国警察から情報を集約して計画を立てつつ関係する県警察の事件捜査の方向付けをするとの段階から、警視庁が主力となって動き出すこととなるなど都道府県警察が主体となってオウム教団と対峙する段階に移ったと言ってよいと思います。そうは言っても、それまで検討してきた宮崎の旅館経営者略取事件、山梨の元看護婦監禁事件については、それぞれオウムの主要幹部が被疑者になっていましたから、早急に着手するように関係県警察を督励する役割はありました。検察庁との折衝も、宮崎、山梨ともに、比較的スムーズに進み、どちらも4月には関係被疑者を次々に逮捕することができました。

――それらの成果もあり、垣見局長の「役割が終わった」というか、「これでひとつの区切りを迎えた」という認識が生まれたのですね。

地下鉄サリン事件の捜査を進めて、実態を解明し犯人を検挙しなければならないという大命題は、優先度の高いものとしてありましたが、それは、警視庁をはじめとする各都道府県警察の捜査に委ねざるを得ないものでした。これまでの話に出てきていますが、警視庁の捜査幹部は、石川刑事部長、寺尾捜査一課長であり、本当に真剣に取り組んでいましたので、信頼して見守っていました。ちなみに、石川刑事部長は、警察庁捜査一課長の時に、熊本の事件の捜査に関与していましたし、寺尾捜査一課長は岡崎一明がオウム教団の選挙資金を持ち逃げした事件で捜査を担当したこともあり、オウム教団の捜査については、適任のコンビだったと思っていました。

――警視庁が主力になったとはいっても、垣見局長に報告は上がってきたのですね。

そうです。

――どういったルートだったのですか。

地下鉄サリン事件の首謀者として麻原を逮捕するまでは、刑事部長と捜査一課長が、入れ替わり立ち代わりのように警察庁にやって来ていました。

来庁するのは、ほとんど午後遅くの時間帯で現場での捜査状況の報告を受けてから来たのだろうと思います。捜査一課長は、まずオウム対応専従班の室長、警察庁捜査一課長と話をし、時々私のところにも顔を出すといったことで、刑事部長は、私のところに来て話をして、その帰りに室長・捜査一課長と話をするというような感じでした。一時は毎日のように、彼らからいろいろな報告を受け、また相談をしていました。実際の捜査については、基本的には彼らに任せることとしていましたので、詳細な捜査状況の報告を受けていたわけではありませんが、それでも当時は、重要な報告事項や相談事項が多くありました。

一方、国会対応で多忙になっていた時期でもありました。サリン法案がちょうど審議に入りましたし、法案審議以外でもオウム事件全般でいろいろと質問が多かった時期で、そちらにも相当な精力が割かれる状況でした。

——そうなると、役割を終えたというより、捜査と国会対応ということで、役割を分担するようになったとも見えますね。

第6章

國松長官狙撃事件

1995年3月30日～5月

大変な事態になった――発生を知った刑事局長の第一認識はこうである。大捜索が進むなか、警察のトップが攻撃対象となるショッキングな事件が起きたのだ。ただちに善後策の協議がなされ、公安部に担当してもらう、との考えが刑事局長から示される。それらの動きとともに教団幹部逮捕期の実状を追う。

第一報は車中電話

――地下鉄サリン事件や上九一色村のオウム拠点の大捜索でたいへんな状況を迎えるなか、今度はまたショッキングな事件が起こります。30日の國松長官狙撃事件です。警察のトップが攻撃対象になったわけですが、その前にまず、20日（地下鉄サリン事件）や22日（大捜索）のあと、垣見局長自身は、生活を送るうえでなにか対策をしたのですか。そこからお聞きします。

地下鉄サリン事件があって、上九の大捜索も行われた直後に、警察庁の警備局中心に警戒をすることが必要との話がありました。すでに話したように、20日までは地下鉄で通っていましたが、さすがに以降は、「地下鉄で通うのはどうか」となった。警備のこともあったので、車で通勤するようにしました。

――住まいはどうされましたか。

自宅について、地元の警察から「このままではいけません。防護のために手入れしてください」と言われ、具体的には、庭の暗いところに、「照明灯を設置してください」との指摘をされ、照明灯を設置しました。異常の有無を確認するために、警察官が時々家の周辺の見回りをして警戒をしていました。そのようにして、地元警察による警戒措置をしてもらっていたのですが、一戸建てでしたので、守りきるのは難しいのではないかと考え、転居することにしました。局内でも異論はあったのですが、私は、守ることは難しいとして、通勤の便も考え、都心部の公務員宿舎を借りる申請をするなど転居の段取りをしました。転居したのは長官狙撃事件のあとになります。4月2日になってからで、麹町の公務員宿舎です。

――英国大使館の近くですね。

そうです。それほど大きな建物ではありません。ただ、警察庁に近く便利なところでした。

――20、22日から転居までの間は、どうしたのですか。「一戸建てでは守り切れない」というのですから、ご自宅には警備が付いたのですか。

地元で警戒をしてくれていましたが、長官狙撃事件の発生前までは、時々見回りをして

1995年3月30日、國松孝次警察庁長官が撃たれた直後の現場。同長官と秘書官の傘が現場に残っていた（写真は朝日新聞社）

異常の有無を確認するとの措置でした。狙撃事件発生後は、自宅近くで常駐警備が行われました。地元警察は警察官も署長も一生懸命やっており、「大変ですね」と心配してくれて、いろいろよくやってくれました。

——その間、自宅にオウムが迫ってくるような事例はあったのですか。

オウム教団の宣伝ビラが地域に配られ、自宅のポストにも入っていたことはありましたが、それ以外に特段の事案はありませんでした。

——家を移られる準備をしているうちに、長官狙撃というショッキングな事件が起きたわけですが、その事件当日はどこにいて、どのような状況でその事件を把握し、それからどう動かれたんでしょうか。

3月30日はまだ自宅から車で通勤していたのですが、その車の車載電話機に電話が入り、「長官が撃たれました」との連絡がありました。大変びっくりして、命に別状はないかと容態を確認したところ、「入院しました」ということでした。

――真っ先になにを考えましたか。

「大変な事態になった」との思いで一杯でした。「やりだしたオウムの捜査はどうしたらいいか」と考え、それに付随して、「長官のところは十分警備していたはずだが、どうしたのか」というのが頭に浮かびました。

事件は公安部担当とする

――警察庁に着いてからはどうしましたか。

ただちに次長のところへ行き、善後策というか、今後どうするかを相談しています。このときはまず「（長官狙撃事件の）情報は次長のところに集約する」ということとなりました。もうひとつは、この事件を警察としてどこが扱うかということが大きな問題でした。そのことについて、刑事局内で相談したのか警視庁の意見を聞いたうえでなのか、そのあたりの記憶は定かではありませんが、私は、警視庁刑事部では地下鉄サリン事件を抱えているから、長官狙撃事件を刑事部で担当させることは、負担が重すぎるのではないかと考えました。それで、次長と話をした際、「刑事部ではなくて公安部で担当してもらったらどうですか」と申し上げて、次長にも同意していただきましたが、次長と私だけで勝手に決めるわけにもいかないので、警備局長にも入ってもらい相談した結果、警視庁公安部でやってもらうとの方針になりました。その段階で、私から警視庁刑事部長に、「長官狙撃事件は、公安部のもとでやってもらう考えだから、警視庁のなかでもその方向で」と伝えたと記憶しています。

——それは狙撃事件当日ですか。

事件当日です。

——その理由として、「地下鉄サリン事件を抱えていて、負担になるから」以外に、なにかあったのですか。

警備局には以前から、信者の情報を集めるとか、警戒警備についても相応に役割分担をしてもらっていましたが、地下鉄サリン事件の捜査をしている刑事部に比べれば、公安部のほうがまだそれほど負荷がかかっていない、との認識があったと思います。

——「公安でやるべきだ」みたいな、「べき」のご認識はどうでしたか。

それは微妙なところで、元々、オウム教団の問題について、私自身にはオウム教団に関わる事案を、刑事部門が扱うべきかどうかの迷いがありました。先ほど話した大本の事件も、現在では公安部門にあたる特高警察で対応していて、事件の記録『白日の下に』を書いたのは、当時の京都府警察で指揮をとった特高の課長です。

94年から95年の時点では、「宗教団体の事案は警備公安部門の対象ではない」「地下鉄サリン事件は、テロ事件とは言えない」との意見も出ていたのです。もっとも、オウム教団事件は、「公安に関わる事案であり、警備公安マターではないのか」という潜在的な意識が私にはあり、それが警備局とのやり取りに影響したのかもしれません。「いや、自分のところじゃない」という意見もあったのですが、「そんなことは言わずちゃんとやってよ」という気持ちが、私のなかにあったと思います。

――それは、「長官狙撃事件がオウムの犯行だろう」との前提に立ったお話ということですか。少なくともそういうふうに感じたので、ということでしょうか。

長官狙撃事件が発生した時には、その時期からみて、事件を敢行したのは、オウム教団の可能性が高いと思っていました。無関係な事案ではないと見ていたのです。あのタイミングでしたからね。オウム教団が忍び寄る影が感じられて、自宅から転居することにした直後でもあり、長官狙撃事件を知ったときには、その事件にオウム教団が関与している可能性があると感じたのだと思います。「自分もやられたのかもしれない」という気にもなった。当初はオウムの犯行だとはわかりませんが、ただそうは言っても、「捜査が進展していけば、オウムが関係していた、といずれ明らかになるであろう」とも思っていました。

――狙撃事件そのものは結局、どうもはっきりしないまま、30年が経ってしまいましたね。

事件の捜査がこれほど迷走して難航するとは、発生当時、思ってもいませんでした。

――「公安がやる」というのは警視庁の判断だ、と聞いていた新聞記者もいます。警視庁でも捜査一課が手一杯ですし、公安が扱う要素もあるかもしれないということで、井上警視総監が最終的に判断して、そのあと警察庁に警視庁の考えを伝えて、警察庁がそれを了解した。そう理解していたのですが、いまのお話だと、むしろ垣見局長が主導して、そういった流れになったわけですね。

先ほどは長官狙撃事件の担当する部門をどうするかについて、当時、警察庁内でどのような検討がされたかについて話をしました。ただしこの事件に対し責任を持って捜査するのは警視庁なので、公安部が主体となって捜査すると最終的に決定したのは警視庁です。その過程で警視庁刑事部とどのように打ち合わせをしたのかは、記憶が定かではないのですが、警視庁刑事部とは事前の相談もせず、次長と相談をしたと思います。そして、次長、私と警備局長が打ち合わせをしたうえで、私は警視庁刑事部に「警察庁の考えとして、公安部に担当してもらう」との話をしたのです。

――公安が担当するというのはいいにして、決めるに至ったルートがどうだったのか、という問題ですね。

井上警視総監が決断したのがいつであったかはわかりませんが、私が、警視庁刑事部長に警察庁の意向を話した際、警視庁において公安部が担当する方針に決まっているとの話はありませんでしたから、その後に、警視庁の方針が決まったのではないかと思っています。警察制度上、警視庁管内の犯罪の捜査方針を警視庁が決めることは当然のことですが、オウム教団の問題に関しては、警察庁において各種情報を集約し全体的な計画を策定していたこともあり、警視庁としても警察庁の意向を考慮することはあったかもわかりません。ただ私としても、「公安部にやってもらったほうがいい」という気持ちを持っていたことは確かです。

――関口次長も同じ考えだったのですか。

次長には、相談して了承していただきました。

――経緯はさておき、公安（警備）も本格参加するとなったのを機に、オウム包囲網がより大規模なものになり、その効果もあって幹部逮捕が相次ぎ、5月16日麻原発見・逮捕に至ったと見ていいでしょうか。

全体的にはそれでいいと思います。以後、警備公安部門も相当本気になって取り組むようにはなったとは思っています。

相次ぐ教団幹部逮捕

――確認ですが、刑事局は以降、長官狙撃事件に関しては、捜査のラインから離れたわけですね。

そうです。警視庁の公安部が主体の捜査になりましたから、以後、南千住署の捜査本部からの情報は、刑事局には入ってこなくなりました。しかし、警視庁刑事部では、宮崎や山梨の事件でオウム教団幹部等の身柄を確保していましたし、現行犯で逮捕した被疑者もおり、また捜査が進むにつれて地下鉄サリン事件の被疑者も逮捕（この段階では他の事件での逮捕）されるようになって、それらの者に対する取り調べの中で、長官狙撃事件への関与の有無も捜査していました。逮捕した教団幹部のなかには、早川紀代秀など「狙撃事件に関与しているんじゃないか」と噂されていた者もいて、事件当時のアリバイを確認したり、事件への関与について尋問したりしていたのです。「早川本人は、そんなこと知らないと否認している」といったような情報が刑事部から上がってきていました。

――捜査ラインから離れたとはいっても、いまお話いただいたように、刑事局も関わりは浅くなかったようです。狙撃事件を協議するための警備局との会合や打ち合わせも、実際は行われていたのですか。

いや、長官狙撃事件の捜査状況について警備局と協議した記憶はありません。

――都度都度での刑事局・警備局間の情報交換の場はあったはずですが、その席でなんらかの話があったというのは、いかがでしょう。

長官狙撃事件の捜査状況について、警備局からの話はほとんどなかったとの記憶です。ですから、捜査の状況はわかりませんし、警備局が警視庁公安部との間で、どのような打ち合わせをしていたのかも、よくわかりません。当時の私の意識としては、意識の問題は主観的な面があるのだけれども、ある意味で、「上九一色村の大規模捜索が終わって、もう僕の果たすべき役割は、概ね終わった」という感じだったのです。このことは先ほどもお話しています。比喩的になりますが、地下鉄サリン事件が起き、上九一色村のオウム拠点への大捜索が行われた段階で、「ステージは変わったんだろうな」という感じを、私は強く持ちました。あとはもうオペレーションの話であり、「石川部長、寺尾課長という信頼できるリーダーが警視庁刑事部という大所帯をオペレーションしているのだから、警視庁主導で進んでいけばいい」という認識でした。

――情報は入ってこなかったと。

もっともそれは狙撃事件についてであって、オウム事件そのものでは、よく報告がありましたよ。警視庁の刑事部とはどうしていたのか、と問われれば、とくに麻原の容疑が固まるまでは、ほとんど毎日のように、少なくとも捜査一課長が来るか、刑事部長が来るという状況が続いていていました。

——その点、狙撃事件については、「細かいことは言わなくていいよ」といった態度だったのですか。

狙撃事件について捜査している警視庁公安部に対して、少なくとも私から指示をしたことはありません。

——刑事部からの報告を聞いて、オウム捜査は着々と進んでいると見ていましたか。

そのように見ていました。地下鉄サリン事件発生直後に全都道府県警察に対して総力を挙げて取り組むことを指示していますが、全国の警察において積極的にオウム教団員の逮捕が行われ、なかでも特筆すべきは、3月23日に滋賀県下においてオウム教団の信者が逮捕されたことです。その者は教団幹部ではありませんでしたが、大量の資料を所持していて、その中にはオウム教団の科学関係資料、人事資料が含まれており、それがその後の捜査に役に立つこととなりました。またその資料を解析した結果、オウム教団信者である警察職員の存在も明らかになり、警察内部にいるオウム教団信者の動向を確認する作業が開始されたのですが、そのなかに、後に大問題となる、長官狙撃事件に関与したとして捜査線上に浮かんだ警視庁警察官の名前もあったのです。4月には宮崎の旅館経営者略取事件で捜査に着手し、警視庁と合同捜査本部を作って被疑者の逮捕も進みましたし、山梨の元看護婦監禁事件についても、警視庁と山梨県警察で合同捜査本部が作られ捜査が進んでいました。合同捜査本部結成に当たっての関係都県警察の調整は警察庁の役割でしたが、それぞれ円滑に調整ができ、捜査も順調に行われました。そのなかで、逮捕も相次ぎます。主要被疑者のほとんどが4月に入って捕まっています。

――次から次へと、といった逮捕劇でしたね。

山梨の事件の被疑者でありオウム教団で「自治省大臣」と呼ばれていた新実智光が4月12日に、その前の4月6日に「防衛庁長官」と呼ばれていた岐部哲也が捕まった。それから4月8日に石川県で「治療省大臣」の林郁夫が自転車泥棒として逮捕されました。林の逮捕容疑は自転車泥棒でしたが、早い時期に警視庁へ身柄を引き渡してもらっています。

東アジア反日武装戦線捜査の評価

――その時期のことで改めてお聞きしたいのですが、長官狙撃事件については、公安が捜査することになり、事件捜査のその後の進捗状況は細かく入っていなかったと先ほどうかがいました。ただ、垣見局長の頭のなかでは、もちろん気にはなっていたのですね。

ええ。国会で「長官狙撃事件の捜査はどうなっているのだ」との質問もありましたから。その場に、警備局長が出席していないときに質問がありますと、「私のところで担当していないので、答弁できません」と答えるわけにはいかず、捜査の進展はない旨、答弁したこともあります。そのようなこともあったので、狙撃事件について捜査の進展があれば連絡をしてくるものと思っていましたが、捜査状況について連絡を受けたとの特段の記憶はありません。

——狙撃事件自体については、垣見局長としては当時、どうお感じになっていましたか。つまり、「オウムだとすれば、早晩わかってくるだろう」という認識だったけれど、「わからない。迷走している。どうしたのかな」みたいな見方だったのでしょうか。

迷走とまでは捉えていませんでした。すでに話していますが、当時、刑事部で扱っていたいろいろな事件の関係者から事情を聞き、狙撃事件に関与しているのではないかと思われた人物には事件当日のアリバイも含めて事情を聴取しましたが、事件との関係は認められないとの報告ばかりでした。それもあって、当初思ったより難しい事件との認識を持ちだしてはいました。

——言いにくいかもしれませんが、情報が入らない公安部の捜査に対して、感じられるところがおありだったんじゃないですか。

長官狙撃事件の捜査状況についての連絡がなかったことについては、気になっていませんでしたが、それは、オウム教団についての捜査が進めば自ずから明らかになるとの見方をしていたことと、地下鉄サリン事件の捜査の進展が最重要課題となっていたからです。

――公安部の捜査について、評価する考えを持たれていると聞きましたが。

警視庁公安部の捜査能力に関しては、丸の内の連続企業爆破事件の捜査を評価していました。

――連続企業爆破は「東アジア反日武装戦線」という極左組織が1974年から75年にかけて三菱重工やゼネコンなどを対象に起こした事件です。

三菱重工事件が発生したとき、私は警視庁刑事部の捜査三課長でしたが、警視庁は旧庁舎で、爆発が起きたときは窓から爆発音が聞こえてきて、「何が起きたんだ」というので大騒ぎになりました。その事件の直後だったと思いますが、警視庁福生警察署の管内の火薬庫が襲われる事件がありました。火薬庫に保管している火薬の窃盗未遂容疑事案で、通報があり、付近で不審者を発見したが逃走されたと記憶しています。

――これは公安部主体で捜査が行われましたね。

そうです。火薬庫の事件も、発生した時期からして爆破事件に関係がある可能性もあるとのことで、捜査をすることになりましたが、公安部は爆破事件の捜査で忙しいとのことだったのでしょう、事案自体は窃盗事件でしたから、窃盗事件の捜査を所管する捜査三課で捜査するようにとの下命があり、捜査に携わりました。私も福生の現場にも行きました。現場には手がかりはありませんでしたが、捜査を進めたところ、犯行に関わったと思われる怪しげなグループが浮上したので、そのグループの調査に取り組みました。その時に公安部からは、「捜査状況は詳細に報告するように」とか、「公安部の了解を得ずに、勝手に特定の団体の捜査を進めるな」とかいろいろな注文がありました。この捜査をしているさなかに、「容疑者が浮かび逮捕状」というサンケイ（現・産経新聞）のスクープ記事を読み、「ああすごいな」と思った。難しい事案を、綿密な捜査をして解明した公安捜査の実力を認識した次第です。このときの記憶が、長官狙撃事件の捜査を公安部の担当とすると考えたさい、影響を与えたのかもしれません。

——早川をはじめとしたオウム関係者が、狙撃事件を否認した件ですが、そうなると、否認情報を集めた結果、「オウムではないかもしれない」という印象を持たれたことはなかったのですか。

いや、その段階で、狙撃事件にオウム教団は関係していないとの判断をしてはいません。早川は関係していないとしても、オウム教団の関係者が関与した犯行との見方は変わっていませんでした。そのようなときに、オウム教団のサリン事件のキーマンと目されていた村井秀夫の刺殺事件が発生しました。

――逮捕されたのは暴力団員（準構成員）でした。

実行犯として現場で逮捕されています。この事件で犯人は有罪となっていますが、その話には納得できないところもあり、犯行動機のみならず背景事情が未解明となった事件です。オウムと関係がないとは言えない、というふうに私は思っています。バックグラウンドとしてはね。長官狙撃事件も、少なくとも私が刑事局長をやっていたときには、手がかりはないけれども、一連のオウム関連のなかに、どこか線があるのだろうとは思っていました。

――長官狙撃事件の捜査をめぐっては、その後も含めて、警備局とたいしたやり取りはなかったのですね。

そうですね。捜査の進展がなかったことがあるのかもわかりませんが、先ほど話したように、警備局から長官狙撃事件に関して捜査状況の説明を受けた記憶はありません。

刑事局が主導していたらどうなったか

――長官狙撃事件について、公安部の捜査能力に対するある程度の評価というのは、お聞きしたエピソードにもありましたが、いまになって結果的に見ると、「公安部ではなくて、捜査一課を入れて刑事部主導でやっていたらどうだったか」というふうに、お考えにならないですか。

少なくとも長官狙撃を実行したと発言した中村泰《ひろし》が捜査線上に浮かんだ段階で、それまでの捜査方針を見直し、例えば長官狙撃事件の捜査を刑事部主導で実施することに切り替えていたら、捜査の進め方は違ったのだろうとは思います。

注／中村泰（主として原雄一『宿命――警察庁長官狙撃事件　捜査第一課元刑事の23年』（講談社）に基づく）

１９３０年東京生まれ。幼少のころは満州にいた。旧制水戸高等学校を経て、49年に東京大学（理二）入学。在学中に窃盗を繰り返し、51年12月自主退学する。52年3月、懲役2年の判決を受け三重刑務所に服役。56年11月、都下で銀行の金庫破りを企てるが失敗し、職務質問した警察官を所持していた拳銃で射殺する事件を引き起こした。一時逃走したものの出頭、無期懲役の判決を受け千葉刑務所に服役する。76年3月、仮出所。以降不明だったが、２００２年11月22日、名古屋市内の銀行支店で、拳銃を発砲して現金輸送車を襲撃し、５０００万円を強奪する事件を起こす。警備員に現行犯逮捕され、起訴・勾留された。無期懲役で服役中の24年5月22日、収容先の東日本成人矯正医療センターで誤嚥性肺炎にて死亡。

――「当初から、公安部でなくて刑事部主導でしていたら」という思いは、いまの段階ではないですか。

当時の判断が間違っていたとは思いませんが、長官狙撃事件の捜査が迷走してしまったのは残念です。

――現場での聞き込みなどの地取りが甘かったのではないかとか、初動捜査があれでよかったのかとかの指摘があります。「あとで振り返ると」というのはあるんでしょうけれど。

捜査は、人が得られるかとの問題もあり、運、不運もあり、思ったより難しいものであると思っております。例を挙げれば、短期間のうちに被疑者が判明した大崎の事件にしても、担当した大崎署の刑事課長に話を聞きますと、1994年8月に千住警察署の管内で電柱にビラ張りをした被疑者を軽犯罪法違反で取り調べた際に地域警察官が採取した指紋が手掛かりになるなど思わぬ偶然と地道な警察官の職務遂行が結果につながったことがわかります。長官狙撃事件の捜査状況を具体的に把握していないので、的確な指摘はできないのですが、狙撃事件発生について警備責任を負っていた警察署に捜査本部を設けて捜査を実施せざるを得なかったことが、初動捜査を含めて、その後の捜査が迷走した要因のひとつになっているのではないかとの感想を持っています。それはまた、ああいった形で狙撃されたことへの責任問題を、きちんとしなかったことにも繋がるのではないでしょうか。

——実際、なにをどう捜査したのか、というのがいまでは闇のなかです。

どのような捜査が行われたか、また事件発生時の警戒態勢はどうであったのか、取り付けられていた防犯カメラの映像はどうなったのかなど初期段階の捜査はもちろんのこと、一時被疑者として捜査の対象になった警察官の捜査の問題、時効が到来した際に記者会見で発表した内容などいろいろな疑問があるのですが、この捜査に直接関与したわけではありませんし、捜査状況の報告を受けて把握していたわけではありませんので答えを申し上げる術がありません。ただ、地元の警察署長ももちろんだけれど、警視庁の総監以下警備のラインは、長官が狙撃されたというのは、ある意味、負い目になっていたのではないでしょうか。それが捜査全体に微妙な影響を与えたのではないのか、とは思いますけれどね。

サリンはもうない？

——さて、3月30日、狙撃事件があった日に戻りますが、その夜に、警察庁次長室で刑事・警備合同の最高幹部会議が開催されたと既刊書に出てきます。このとき捜査一課の稲葉室長から、「サリンはまだ大量に残り、オウム信者がどこかに隠匿しているのではないか」との報告があったそうです。当時、再びサリン事件が起こるかもしれないという認識は、警察内で強かったのですか。

オウム教団施設の捜索では、サリンの存在が確認されませんでしたが、その段階で警察としては、サリンが残っていて隠匿されている可能性があるとの認識でした。その後捜査が進み、5月16日に麻原が逮捕されたとき、警視総監が記者発表をしましたが、そのさい総監はサリンは「まずない」という言い方をしました。ただこの段階で警察庁刑事局では、「サリンが残っていないとの確証はなく、サリンの不安はなくなったとまでは言えない」との判断でした。その刑事局の判断に基づいて、総理大臣の秘書官に、サリンの存否については、確実なことを言える段階ではないので、総理の発言は慎重にしていただくように伝えていました。その結果、サリンの存否について、総理の発言と総監の発言とが食い違うことになります。これは問題になり、国会で質問されています。

――警視庁にも「慎重に」とは言わなかったのですか。

その時には、官邸の総理秘書官に伝えていたメモを警視庁刑事部に渡しています。それにもかかわらず、総監がなぜ「サリンはない」とのニュアンスで発言したのかと思いましたが、警視庁としては治安の責任者として都民の不安感をなくすことが必要だということだったのでしょう。私は、刑事警察の立場もありサリンがあるかないかについての判断は非常に慎重でした。

――当時、次のサリン事件が起こるかもしれない、というのは、国民の不安の中心でした。

垣見局長が官邸にいろいろな報告をなされたなかで、オウム信者がサリンをどこかに隠匿し、大量に持っている可能性については、総理にお話されたのですか。

具体的には覚えていませんが、サリンの有無については確実な証言や証拠を入手しておらず、「もう安心して大丈夫ですよ」というようなことは言っていません。当時の国家公安委員会委員長の野中広務さんは回顧録で、「刑事局長と言っても、捜査が進みません、なかなか目処が立ちません、申し訳ありませんで、頭を下げているばかり」と述べていましたが、刑事局長の立場としては、確証のないことは言わないようにすべきだと思っていましたし、そのように発言していました。

——そうすると、繰り返しになりますが、麻原逮捕時に、なぜ総監は「サリンはない、もう心配ない」と言ったのでしょうか。どう思われますか。

サリンの有無は都民、国民の大きな関心事でしたし、また、麻原を逮捕したということで意気軒昂な状態でもあったときでしたから、首都東京の治安の最高責任者として、都民の不安感を払しょくする目的で「もう心配ない」というメッセージを発したのだろうと思っていました。

注／第132回国会、衆議院予算委員会（1995年5月17日）では吉井英勝委員（日本共産党）が次の発言をしている。

「昨日井上警視総監は、これまでの捜査で、残っているサリンはまずないのではないかと語っていますが、具体的な何か根拠があるのでしょうか。」

「警視総監の発言とは別に、総理の方は、サリンを隠匿、所持している可能性も否定できないと、昨日の段階では相反する見解を述べておられました。〔中略〕昨日の警視総監の会見では、土谷容疑者の供述など、捜査に基づいて残っているサリンはまずないと語っておられたわけですから、そうしますと、一体これでは何が本当なのかと、国民の不安というのは解消されません。」

暴力団と北朝鮮

――國松長官狙撃事件は未解決のまま30年が経ってしまいました。現時点でもやはりどこかでオウムが絡んでいる、とお考えですか。

その点につきまして、はっきりお答えできるだけの材料はもっていません。しかし、先般亡くなった中村泰が、狙撃事件を実行した旨の発言をしたことは重視すべきだと思っています。動機の点について、中村泰が話したとされる「警察のオウム教団捜査を促すため」との話には納得できませんが、知り得る限りの捜査状況からは、背景事情の有無についてはわからないと言わざるを得ません。

他方、村井の刺殺事件についても実行犯が暴力団関係者ながら、背後関係がよくわかりませんが、オウムの影があるのではないかと思います。

――殺人事件の場合、殺害を指示した者と実行犯の間には、人が1人とか2人入っている場合もよくありますが、村井刺殺や長官狙撃事件にしても、2つ前とか3つ前ぐらいにオウムの影がある可能性というのは、ないことはないのかもしれないですね。

村井刺殺事件については、実行犯の所属していた暴力団との関係以外に、後藤組（当時）との因縁があるとの話も出ていました。後藤組は、静岡県の富士宮に本部を置く暴力団であり、オウム教団も富士宮に総本部があり何らかの繋がりがあるのではと言われていましたが、解明されていません。

――暴力団と繋がっていたというなら、暴力団を捜査する担当部門から、なにか情報が出てきてもいいように思うのですが。

村井刺殺事件では、暴力団関係の捜査の徹底も指示し、捜査が行われました。実行犯が所属していたとされている三重の暴力団羽根組の幹部も逮捕したのですが、羽根組は、後藤組とも繋がりがあると言われていました。裁判の結果、「実行犯は暴力団関係の指示命令でやったわけではない」とされていますが。なお、裁判記録（東京高裁、平成11・3・29第三刑事部判決）では、「被告人が（実行犯に）指示して本件犯行を行わせたと認めるについては、合理的な疑いが残るといわざるをえない」として、原審（被告人の無罪判決）に対する控訴を棄却しています。

——オウム関係の事件では、暴力団のほかに北朝鮮が関与したという見方もありますね。長官狙撃現場から北朝鮮のバッジが見つかりました。

北朝鮮のバッジが残されていて、北朝鮮関与の話が当時、出ていましたし、松本サリン事件が起きた94年の秋ぐらいにも、そういう話はあったようです。私は、北朝鮮の関与について、その真偽を判断する材料を持っていません。

——佐々さんの本によると、坂本弁護士一家事件のときから、北朝鮮犯行説があったかのごとき発言は、佐々さんと後藤田さんのやり取りのなかで出て来たようです。ただ垣見さんのこれまでのインタビューのなかでは、北朝鮮の「き」の字も出てこなかったのですが、可能性としても捜査対象ではなかったということですか。

坂本事件については時期的に刑事局長就任以前ということもあって、捜査の状況にわからないところが多いのですが、捜査の過程で暴力団絡みだという話があったようです。また北朝鮮絡みの話があったのかもわかりません。ただしそれらは、捜査線上からその後、消えていたのではないかと思います。

いずれにせよ、坂本事件のとき北朝鮮の話が出ていたのかどうかは、定かに掌握していません。承知しておらず、要するに刑事局長の私の視野には入っていませんでした。

——公安のほうでは、北朝鮮説をどう扱ったと思われますか。

検討されていたのかもしれません。オウム教団の捜査が進み、事案が解明されていくなかで、オウム教団幹部の早川が頻繁に北朝鮮に出入りしていたことも判明しましたが、坂本事件と北朝鮮との関連があったとの話は聞いていません。

外事警察の対応

——いま北朝鮮の話が出てきましたが、ロシアについてはどうだったのでしょう。95年3月当時警察庁警備局外事課理事官であった北村滋さん（のち同局外事情報部長）の『外事警察秘録』（文藝春秋）には、刑事警察と外事警察はオウムについての見方が違っていたと記載されています。刑事警察は教団を、「非常に統率度が高く、大がかりで悪質な犯罪組織」と見ており、これに対して外事警察は、「ロシアのような外国との深い関係も視野に入れつつ、クーデターによって国家転覆を目指す組織である可能性に留意して実態解明を進めていた」とあります。実態は確かにこの記述通りだったのでしょうか。

なぜ最近になってそのような見解が公表されたのか、理解できません（『外事警察秘録』は2023年12月刊）。刑事局において、オウム教団に関する実態の解明に必死に取り組んでいるときに、外事警察において、記載のような観点でオウム教団の実態解明を進めていたのであれば、当時、その情報や成果を提供していただければ大変参考になったと思います。

――同時期の活動が重要だというのですね。

そのように考えています。社会をゆるがす大事件が起きてから後に、背景や実態について調べて、成果を挙げたと言われてもね。

――というと、その前は消極的だったというわけですか。

地下鉄サリン事件が発生し、オウム教団施設の捜索で大騒ぎしているさなか、麻原が外国逃亡を企てた場合にそれを阻止することが可能かどうかは外事課とも相談していました。当時、外事課長が交代したので、後任の外事課長には、刑事局としての関心事項を説明して、ロシアや北朝鮮との関係が疑われるオウム教団の実態解明についての取り組みをお願いしました。それもあってか、外事課職員がロシアへ渡航し、オウム教団のロシアでの活動等の調査を実施したようで、それ自体は意義あるものと思いますが、地下鉄サリン事件が発生した後に「調べてみたら、オウム教団幹部の外国への渡航歴が判明した」とするのではなくて、前広《まえびろ》（前もって広く、の意）に情報を収集し、事件の発生の予兆を探知することが望ましいことと思っています。

――『外事警察秘録』では前からやっていたかのごとき記載にも読めますが、積極的になったのは、地下鉄サリン事件など社会をゆるがす事件が起きて以後、という指摘ですね。

このあたりは、これまでも出てきましたが、刑事と警備の連携というテーマにもなります。前の松本サリン事件にしても、ある意味テロですよね。この事件の段階で明らかなテロ行為を引き起こしていたわけで。

その点については、いろいろと思うところはありましたが、事件についてテロであるかないかを議論していても、事案への取り組みが遅れるだけで事案の解明にはつながらないとの考えでした。

オウム側の協力者

――林郁夫という医者がオウム幹部にいました。彼は慶應義塾大学医学部出身の外科医で手術が得意だったそうですが、地下鉄サリン事件の実行行為者のなかでただ一人死刑判決とならなかったのは、何か理由があるのですか。

オウム教団の治療省大臣であった林は4月8日に石川県下において自転車泥棒容疑で逮捕されました。地下鉄サリン事件の容疑があるとしてマークされていた人物ではありませんが、警視庁に移して調べたところ、事件への関与を話しはじめました。その結果、彼の一連の供述が地下鉄サリン事件の全貌の解明に貢献したのです。林は、地下鉄サリン事件の実行為者であるのみならず、指紋の除去手術をした大崎の公証役場事務長逮捕監禁事件の実行為者と一緒に逃走していたところ逮捕されたものであり、その犯罪行動は悪質であったことから、裁判官も大変苦慮された結果と思われますが、地下鉄サリン事件の実行行為者のなかで唯一死刑判決を免れました。林郁夫の判決には捜査活動に貢献したことが反映されたものと思っています。

――坂本事件実行犯のひとり、岡崎一明もある意味、坂本事件の解明に貢献した協力者的な立場と言われていますが。

『文藝春秋』の2015年10・11月号で、武田頼政「『密約』オウム坂本事件死刑囚の告白」が発表されており、岡崎をめぐる裏話が出てきます。

――岡崎が通報してきた話は正確だったんですか。岡崎は、坂本事件翌年の90年2月に、地図や遺体を埋めた現場の写真、手紙を同封して神奈川県警本部などに送っていました。非常に具体的に示していたといわれています。県警がその情報に基づき現場を捜索したが、当時、遺体の発見には至りませんでした。

武田さんの書かれている内容が、どこまで事実に基づいているかわかりません。ただ、岡崎の話したことが、坂本事件の解明の手掛かりになったことは間違いないと思います。

坂本事件というのはオウム教団事件の一番のポイントなんですよね。結局、地下鉄サリン事件の前になんとかならなかったのか、ということにも絡むのですが。

——岡﨑は地図も書いて、非常に具体的に示していましたね。

ですから私は、「岡﨑をもうちょっと早い段階で供述をさせることができたら、地下鉄サリン事件にまで至らなかったのではないか」と反省しています。やり方によっては、先ほど出た林郁夫と同じように、事件の全容の解明に結びつけることができたのではないかとの反省です。

——彼はオウムの輪のなかで弱い部分であったわけですが、それでも結局、捜査してみないとわからなかったわけですね。

その点については、いろいろの見方があると思います。岡﨑は自分自身で投書までしていたのですから、捜査のやり方によっては、地下鉄サリン事件発生後ではなく、それ以前に真相を供述させることができたのではないかと思います。岡﨑は麻原などオウム教団幹部が出馬した選挙にからみ資金を持ち逃げした容疑で、警視庁が捜査を行いました。一方、神奈川県警察はかねてから坂本事件の捜査を行っていたので、警視庁と神奈川県警察の捜査が競合することとなり、警察庁で調整した結果、岡﨑の捜査から警視庁が手を引いて神奈川県警察が捜査することになったとのことです。そういう経緯もありますが、いずれにせよ、オウム事案のなかで坂本事件の闇は深いのです。

――警視庁に手を引けと裁定したのは垣見さんだった、と書かれたものもあります。

それは事実ではありません。オウム教団幹部らが出馬した選挙は90年2月実施の衆議院議員選挙であり、岡﨑の捜査に関して、警察庁が調整したのは1990年だと思います。私が刑事局長に就いたのは93年9月であり、その調整に全く関与していません。

――岡﨑の選挙資金持ち逃げ事件を担当した寺尾さんはのち対オウムの重要局面で警視庁捜査一課長として腕をふるった。捜査一課の現場というのは叩き上げの方が活躍するところですが、そのひとりである寺尾さんのメモみたいなものはないのですか。

寺尾捜査一課長は、その後新宿署長から生活安全部長となり、退職後に亡くなりました。寺尾さんは、地下鉄サリン事件のみならず、いくつかの難事件の捜査に携わっていますので、事件のメモを残していれば貴重な資料となったと思いますが、残しているとの話を聞いていません。

第7章
麻原逮捕およびその後
1995年5月〜96年8月

警察の対オウム作戦は、5月16日の麻原逮捕によって、ひとつの山を越える。不安感を背景に国民の関心も高まった状況下、刑事局長は官邸への報告を重ねるようになる。やがて國松長官の復帰とともに、垣見局長と警察上層部との負の関係が顕在化していった。それは更迭とも受け止められる人事へと繋がる。

逮捕に至る状況

――上九一色村のオウム拠点への大捜索を機に大がかりに展開された警察のオウム対応は、95年5月16日の麻原逮捕によって、またひとつ、大きな山を越えたことになります。麻原発見・逮捕が成し遂げられた時、垣見局長はどんなお気持ちになられましたか。

テレビで見ていましたが、「ようやくここまでたどり着いたか」という感慨がありました。ただ一方で、4月23日に最高幹部の村井秀夫が刺されたことが、頭をよぎりました。村井の突然の死は事件の立証上、痛手だったのです。とりわけ麻原が地下鉄サリン事件の首謀者として果たしたとされている役割について、村井の供述を得ることができていたら立証も容易にできたと考えていましたから、キーマンである村井を欠いた状態で、麻原の責任を追及できるだけの証拠を得て、立証することは苦労するだろう、と考えていたなか

オウム真理教の麻原彰晃（本名＝松本智津夫）。東京地裁での拘留尋問を終え、警視庁に戻る（1995 年 6 月 16 日撮影、写真は朝日新聞社）

での麻原逮捕でした。

——國松長官狙撃の後、オウムの幹部が相当数捕まるまでの間、たとえば皇室が狙われるんじゃないかとか、人が集まる東京の催し物が危ないんじゃないかといった、さまざまな危惧がふくらみ、サリンだけではなく、他の薬物や武器も使うのではないかとの憶測が流れました。そのなかで、警察庁の刑事局長として一番心配したのはどういうことでしたか。

当時は上祐史浩を始めとしたオウム教団の幹部がテレビ番組に頻繁に出て、「オウム教団は地下鉄サリン事件と無関係である」と広言していました。その一方で、いまお話があったようなオウム教団の報復という噂も広まっていましたし、4月15日が危険であるといった噂もありました。警察側では、その段階でオウム教団の地下鉄サリン事件への関与を裏付ける証拠を入手できたわけではなく、そのため反論をすることもできませんでした。噂については否定する術がありませんでしたし、噂の段階では適切な手立てが思いつくはずもありませんでした。「こういう噂があるから15日は外出しないでください」と言うわけにもいかない。

もちろん、何もしなかったわけではなく、これは刑事局というより警備局マターでしたが、テロなどの事件発生に備えて、警察としてもそれなりの態勢はとっていたのです。増大した不安感を軽減する有効な手段がなく苦慮する状態でしたが、事案発生の予防のために、人が多く集まるところを中心に警察官を配置して警戒態勢をとりました。他方、全国警察を挙げてオウム教団関係者の違法行為を摘発して逮捕しましたし、それまで準備してきた宮崎と山梨の両事件の捜査に着手して、関係被疑者を次々と逮捕しました。

――もう少し早く麻原を逮捕できなかったのですか。

警視庁では、新たな事件の発生を防止し、都民・国民の抱いている不安感を取り除くことを目指して、4月、5月の連休の前にでも麻原を逮捕することはできないかと検討をしていたのですが、その時までには、地下鉄サリン事件全体像の解明ができておらず、連休前あるいは連休中の麻原逮捕は断念せざるを得なかったのです。

官邸への報告を重ねる

——当時は国民的関心も高まっていましたね。捜査の動きについては、村山総理をはじめとした官邸サイド、それから野中国家公安委員長などに、垣見局長はどの程度報告されたのですか。その場合、総理や官房長官、大臣などとは、どういったやり取りがあったのか。ぜひお聞きしたいと思っています。

時期は長官狙撃事件以降だったと思いますが、野中さんからお話があって、「いろいろな噂もあって、国民の間に不安感がある。オウム教団の問題について、政府も関心を持ち警察の活動を見守り、必要な支援を行っているとのことを国民にわかってもらう必要がある」とのことでした。以後、野中委員長が刑事局長と警備局長を帯同して官邸に行き、概略、状況を説明するようになったのです。野中委員長としては、官邸に警察から状況報告する形を世間に示すことが必要であると考えられたのであろうと思っていました。官邸においで、私は捜査の状況を説明し、警備局長は警備警戒の状況を説明しました。

——それは、一度だけではなく、ということですね。どれくらいの頻度で行われたのですか。

週に1回ぐらいのペースで行っていたとの記憶です。

――その報告態勢は、正確にはいつから実行されたのですか。

正確には覚えていませんが、警察庁長官が狙撃された事件は、国民の不安感を増幅する事件でもあったので、それが官邸への報告を行うこととなった契機であったと思います。

――野中さんに両局長が帯同されて行き、報告相手は具体的には誰だったのですか。

村山総理大臣、五十嵐広三官房長官です。警察出身の総理大臣秘書官、官房長官秘書官も陪席をしていたと思います。この件に関しては、「警察は政治から中立であるべきであり、警察庁の局長が、事件の捜査状況の報告に官邸に行くのは、如何なものか」という意見が、警察内部にはあったようです。

――警察内部のどのあたりの意見ですか。

私が直接に話を聞いたわけではないので、具体的に誰がとは言えません。

――そういった批判に対して、垣見局長はどう受け止めていたのですか。

私自身は、この時期に、官邸へ出向いて地下鉄サリン事件を主としたオウム教団の関係事件の捜査の概要を報告することが、警察の政治からの中立という観点から見て適切でない、との考えは持っていませんでした。ただ、私が批判される理由のひとつになったとは思っています。

――しかし、当時、垣見さんを批判できる人というのは、あんまりいらっしゃらなかったはずですが。それまで、官邸に捜査状況を定期的に報告に行く、という前例はなかったのですか。

警察で扱っている事案によっては、総理秘書官を通じたルートで報告するということは行われていたと思いますが、刑事局長が官邸に行って事件の捜査状況を直接報告する、という事例は聞いたことがありません。その点で、定期的に官邸へ出向き捜査状況を説明したことは異例なことではあったので、批判する人もいたのだと思います。

國松長官の復帰と人事

――垣見さんと周囲との間で、いまいった負の関係が顕在化したのは、6月15日に國松さんが職場復帰されたあとですか。

顕在化したのはそのころでしょうね。どういう経緯かはよくわかりませんが、上層部で話し合いがあり、6月ないし7月ころに、オウム教団への対応も、地下鉄サリン事件で首謀者の麻原を逮捕して一段落したので、私を刑事局長のポストから外すことは問題ないとの判断をしたのであろうと推測しています。私を外すということについて、國松さん（警察庁長官）、関口さん（次長）、井上さん（警視総監）は当時、意見が一致していたと思います。

――垣見局長にとっては、四面楚歌というような雰囲気だったのですか。

6月の頃は、まだそれほどでもなかったのですが、次第に私を取り巻く雰囲気がよくなくなりました。週刊誌などで、私の行動をあげつらう記事が多く出始めたのも、この頃だったと思います。これは主観的な見方ですが、オウム教団と戦っているのであり、後ろから撃たれるような事態は考えていませんでしたが、それだけ信頼されていなかったものと自分の至らなさを噛み締めるよりほかないことなのでしょう。

――警察の「内」はともかく、「外」はどういう雰囲気でしたか。

オウム教団対策を進めるに当たり、国会には法案審議で全面的なご支援をいただきましたし、外部との関係では、大きなトラブルが生じることなく円滑に推移し、とくに気になることはありませんでした。検察庁でも警察がサリンの残渣物を確認した段階で検察側に連絡しなかったのはおかしいと批判する人もいましたが、最高検の山口刑事部長を始め好意的に対応していただき、一連の事件の捜査を円滑に処理してもらったと思っています。また、防衛庁・自衛隊の関係者からは、松本サリン事件以来、サリンに関して適切な助言を受けました。大捜索に際しては、防護服の貸し出しを始めさまざまな支援をしていただきましたし、地下鉄サリン事件の発生時には、迅速な対応のうえ、危険な除染活動もしてもらっています。防衛庁と警察というのは、ある意味で昔からいろいろ因縁があり、必ずしも両組織はしっくりいってはいなかったとも言われています。けれどもオウム事件のときは、大変よく協力をしてもらったと思っています。

――そういったプラス評価について、背景みたいなところはいかがですか。

最高検の山口刑事部長とは以前から面識がありましたし、防衛庁の村田局長とも存じ上げていたので、話の通じやすいところはあったと思いますが、案外警察の外部の方のほうが、素直な感覚でオウム教団の脅威をとらえてくれたように思います。関連して言うと、2014年に出版された瀧野隆浩さんの『出動せず』（ポプラ社）を読んだところ、当時の陸幕長が1995年3月22日に行われた警察部隊によるオウム教団施設の捜索に際して、オウム教団の脅威について深刻に受け止め、自衛隊としての対応をどのようにするか悩み、考えられた様子が描かれています。防衛庁・自衛隊の幹部の方々が、オウム教団の脅威を十分認識し、相当な覚悟で準備もしていただいたことに改めて感謝の気持ちを持ちました。

――というと、やはり外部よりも警察内部が問題だったわけですね。先ほど話が出た後藤田さんは過去に警察庁長官もやっており、当時は政界に力を持っていたといわれます。それから、根拠は確認していませんが、後藤田さんと國松さんは親しい関係だったという話も耳にします。垣見局長に対する人事には、後藤田さんの影響はあったと思われますか。

その点は、まったくわかりません。ただ、長官が職場復帰して警察庁内で職員を集めて挨拶をした際、自身の進退について後藤田さんと相談した旨の発言をしています。

——國松さんはご出身が同じ静岡県浜松市ですね。

そうです。

——同郷繋がりは強いように思いますが、いかがでしょう。垣見さんが浜松北高で國松さんが浜松西高ですね。地方の都市から出てきた人たちは、割と助け合うのではないかと思ったのですが。

それは、県民性によっても違いがあるのではないでしょうか。浜松人については、空っ風の中で育ったせいがあるのか気質が荒いと言われていて、人間関係は比較的ドライと言ってよいと思います。

——逆に、同郷であるがゆえの軋みというのは、おありではなかったのですか。

うーん、どうかな。それはとくになかったと思っています。

警察大学校長への異動

——さて麻原逮捕を終え、幹部も次々と捕まって、対オウムで警察が結果を出した。世の中の不安感もだいぶ収まって、事件も区切りというときに、垣見局長に対する人事異動が出ますね。95年9月8日から警察大学校長というのはいつ頃、内示されたのですか。

1週間ぐらい前です。講義かあるいは式典があったのか、用があって警察大学校に行く日があり、警察大学校に着いたときに、「警察庁から電話が入っています」と言われて電話に出たところ、次長から「君は異動だ。異動先は警察大学校だ」との内示がありました。

――単刀直入に聞いたほうがいいと思いますが、異動となったときのお気持ちはいかがでしたか。

異動の辞令をもらったとき、国家公安委員会委員長は、野中さんの後任の深谷隆司さんでしたが、深谷さんから「この人事は更迭じゃないから」と言われました。どのような意図で、深谷委員長が、そのような発言をされたのかわかりませんが、私自身は、失脚と表現するのは適切でないかもしれませんが、更迭の人事と受け止めていました。ですから異動先では、いわば「配所の月を眺める」といった心持でした。

――実感があります。

当時はまだ現職ではあったものの、閉門蟄居《ちっきょ》を命じられたという心境でした。森鷗外の著作に「阿部一族」があります。あの物語が頭に浮かび、お上《かみ》の意に沿わず閉門蟄居となれば、その先はなんだろう、江戸時代だったら切腹かと思ったりしましたが、いまの時代ですから「命永らえるだけでもよし」と言った感じでしたね。

――垣見刑事局長の人事は、國松長官、あるいは関口次長や井上総監の考えも反映した処遇でしょうか。

先ほども話しましたが、長官が復帰されて、不在中の出来事も含めていろいろな方のご意見を聞かれて、そのうえでということだったと思います。オウム事件が麻原の逮捕により一段落し、長官ご本人自身がどうするか、続投するかどうかも含めていろいろ考えられて、しかるべき方と相談されて決められた人事だと思っています。

――「配所の月」ということですが、警察大学校長としての仕事内容について、うかがえますか。

大学校の運営管理の責任者としての事務的な業務もありましたが、主な役割は全国から集まってくる幹部警察官の入校式、卒業式で挨拶をすることでした。警察庁の幹部候補生が入校した時には、講話もしました。警察大学校は二度目の勤務だったので、古巣へ帰ったような気持ちもありましたし、校内のグラウンドや体育館を利用して運動もしていました。

警察を去る

――そして、翌96年の8月20日に警察を辞職するわけで、警察大学校長の職は1年足らずの期間でした。垣見さんは警察からきっぱり去って、一弁護士をめざして司法修習生になります。辞めようと思ったのは、いまお話になったご心境から考えると、大学校長就任当時からということでしたか。

異動については、精一杯オウム教団対応に取り組んだつもりでしたが「そういう処遇か」という感じで受け止めてはいました。大学校への転任当初から辞める気持ちを持っていたのではありません。

――では、いつごろ明確に、「もう辞めよう」となりましたか。

自ら辞めようということはありませんでした。

――大学を出てずっと警察にいて、結局、異動1年弱で退職することになったのですが、1942年12月生まれですから、このときは満53歳。お若いですね。

退職する年齢になっていないとの気持ちはありませんでした。最近では60歳近くまで在職できるようですが、当時はそうでもありません。警察は比較的長く在職できていたと思いますが、霞が関では、一定のポストについたら、いつ退職勧告されてもやむを得ないとの一種の不文律がありました。ですから、まだ53歳といっても、「しょうがない」という気持ちですね。

――退職勧告だったのですか。

そうです。勧告というか、退職勧奨です。公務員であればトップの人事権者であれば別ですが、同じように通る道筋です。ですから、先ほど話したように、居心地がいいとは言えない状態ではあったけれども、警察大学校長の時期に、辞めるとの気持ちを固めたわけではありませんでした。

――「そろそろいかがですか」と言ってくるのですか。

というよりも、「退職してください」ということです。

――通常、そうした場合、次のポストを用意してもらいますよね。警察大学校長の次に提示されたのは、警察の外郭団体ですか、あるいは一般企業ですか。

それは、差し障りのあることですから申し上げることはできません。

――しかし次のポストを受けるよりは警察を離れる、という判断だったわけですね。

そのときは、言われるまま素直に、という気持ちではなかったですから。

――更迭、あるいは失脚という言葉まで出ましたけれども、オウム事件を機に垣見さんの人生は大きく変わったわけですね。オウム事件に関わったということは、垣見隆という人間にとってどのような意味を持ったのか、そのことを当時はどう考えて、そしていまは、どういうふうに考えてらっしゃるか、教えていただけませんか。

これまでの話でおわかりのように、私の警察人生において最も縁があったのは刑事警察です。警察署の刑事課長も経験しましたし、県警察の捜査二課長、警視庁の捜査三課長、警察庁の捜査一課の理事官、捜査二課長、刑事企画課長等を経て刑事局長になっていました。そして刑事局長として、オウム教団の犯罪行為の全容を解明するために力を尽くすとの、またとない任を与えられたものと思っています。結果的には、オウム教団による地下鉄サリン事件の発生を許すこととなり、その後、刑事局長の任を解かれ、いわば閉門蟄居を命ぜられることになりましたが、オウム教団と対峙する役割を担えたことは、私の警察人生の中で意義のあったものと考えています。

現在の心境

——やはりこの点を、どうしても知りたくなるのですが、つまり刑事局長だったところで異動となり、53歳で警察庁からも去るとは、垣見さんとしても予想だにしなかったことではないですか。

これもすでに話したように、霞が関の住人として「いずれは」という覚悟は持っていました。私は人事担当もしていましたから、それが公務員のルールだとわかってもいました。53歳だからといって、当時はそんなに早いというわけでもなかったのです。

——ただ垣見さんは、同期入省のワンノブゼムではなかったわけですよね。先頭を走っていらっしゃったわけだから、そのなかで刑事局長というポジションだった垣見さんとしては、やはり受け止め方が違うのではないでしょうか。

警察に勤務して、警視庁の警察署長を経験させてもらい、その後も警視庁人事一課長、警察庁の課長ポスト、官房長を経て刑事局長と日の当たるポストに就いてきたので、警察大学校に異動となり、週刊誌等に中傷記事を書かれるなど内外の冷たい風に晒《さら》されて、正直に言って考えるところは多々ありました。

——もう名前を出しますが、そういう人事を行った國松さんに対する怒りというか、胃にドンとくるようなお気持ち、というのはどうですか。

コメントするつもりはありません。むしろ私としては、それまでの間、上司、先輩にも恵まれて順調な警察人生を送ってきたと思っています。

——それは現在の心境でもあるというわけですね。

退職したあとですが、『致遠』という雑誌に寄稿して、当時の心境にも通ずる一文を書いています。

——年1回刊行の警察大学校学友会の機関誌ですね（2002年発行、106号）。「有楽町の移り変わり~過去から未来へ~」という寄稿文です。

表題の通り有楽町の移り変わりについて書いたものですが、文中に「帰去来の辞」の文言を記しました（「悟已往之不諫　知来者之可追」）。街の変遷のことを書いた文章ですが、その文言は私の心境でもあります。

――この漢詩について垣見さんは、「いたずらに過去に拘泥することなく、時代の変化に対応して未来に向かって歩を進めることの大事さを示しているのではないかと思う」と記しています。

警察を辞して弁護士となり25年が経ちました。警察人生を全うして、その延長線上ですごしたとすれば、経験できなかった仕事もしましたし、それまで縁のなかった人達とのさまざまな付き合いもできました。「それもまた人生だ」というのが、現在の心境です。

第8章

オウム事件全体の評価①

なぜ早期に捜索できなかったのか

前章までの時間軸によるインタビューを経て、本書表題のテーマも念頭に、事件全体の評価を聞くのが本章と次章である。事件捜査の問題点はどこにあったのか、警察組織の対応にはどういった課題があったのか。垣見局長の反省も含めて、坂本事件に遡る、警察対応の実状への認識が語られる。

事件捜査の考え方について

――これからは大きな問いかけになりますが、垣見さんは、松本サリン事件から地下鉄サリン事件、さらに麻原逮捕へ至るまでの重要局面で、刑事局長として捜査全体を指揮されました。その立場から、いまオウム事件をどのように総括していますか。そして、いまも残されている課題があるとすれば、なんであると考えますか。こうした問いはもちろん、象徴的な事件である地下鉄サリン事件を「なぜ防げなかったのか」という問題意識を、念頭においての質問となります。もっと早い段階で、オウムの施設を捜索できなかったのか、それができたのなら、地下鉄サリン事件は防げたのではないかとの問いは、現在なお残されています。その点はいかがですか。

オウム教団に関する捜査全体をいま振り返ってみれば、宮崎や山梨の事件の捜査がある

程度進んできた1994年秋、ないしは95年春の地下鉄サリン事件が発生する前に、オウム教団施設を捜索することができたのではないかとの思いがあり、その決断ができなかったことを反省しています。

――ではなぜ決断できなかったのでしょうか。

大きな要因として、上九一色村のオウム教団施設の周辺で採取した土壌にサリン残渣物があることが判明したにもかかわらず、それまで捜査を進めていた事件に対して、具体的には宮崎の事件と山梨の事件になりますが、被疑者を逮捕できるまでには捜査が煮詰まっていないという判断から、捜索に踏み込めなかったことが挙げられます。

いまになって考えれば、サリンが存在する疑いがあったのですから、捜査が尽くされたとまではいえない段階でも、容疑が濃厚となったとして、捜索を実施する選択肢もあったのではないかと思います。事件の容疑を固めて捜索する、できれば被疑者の逮捕と併せて捜索をする、との固定観念にとらわれた面はあったのかもしれません。被疑者逮捕まではいかない段階において、「拠点だけでも捜索する」という発想に切り替え、いろいろ考えてやれば、できたのではないかと、いまになっては思います。

ただ当時、その段階でそこまで踏み切れるかというと、前にも話したように、地下鉄サリン事件があった後に上九一色村を捜索したときですら、「サリンが出なかったら責任をどうするんだ」と言われたりしたくらいですから。94年秋だったら、本部長あるいは刑事局長が職を賭す覚悟でやればできた、というほどだったと思います。

――事件の捜査は証拠を整えてからやる、というのは、刑事警察全体の発想なんでしょうか。それとも、キャリアの人たちに特有な発想だと思われますか。

それは、キャリア特有の発想ではなく、捜査活動にあたる誰もが持っている基本的な考え方です。基本的人権の尊重は当然のこととして求められており、そのため、捜査を実施するにあたっては個人の自由や権利を不当に侵害することのないようにし、証拠によって事実を明らかにし、さらに、先入観にとらわれたり、勘による推測のみに頼ったりすることなく基礎的捜査を徹底することを、捜査担当者は求められています。このような捜査の考え方は、捜査に携わる者の発想というより、守らなければいけない法令に則った基本的事項です。刑事部門だけではなく、警備（公安）部門も同様です。

ただし、警備（公安）部門ではもう少し柔軟に、「捜索だけをやる」という発想があるかもしれませんが。特に、過激派集団の例えば革マル派や中核派など過去の活動実態から問題ある集団と認識されている対象については、容疑があれば場合によっては「起訴にならなくても捜索しよう」という発想はあると思いますが、対象の実態を十分把握できず、レッテルがきちんと貼れていない段階では、そこまでの発想には、ならないでしょう。ただ、ことオウム教団に対しては、坂本事件発生以来長い間マークしていたのですから、その間に実態を把握した上で決断すれば、地下鉄サリン事件の発生に至るまでの間に教団施設の捜索という道を取り得たのかと反省しています。

原点としての坂本事件

――オウム教団は全国的にいろいろな事件を引き起こしており、捜査しやすい面があったようにも思います。それでも大がかりには踏み込めなかった。その場合、相手となる教団特有の事情は、どのように見ておられますか。

刑事局で指示して、全国の都道府県警察からオウム教団が関与した事件、事案の報告を求めたことはすでに説明しましたが、その時点において、オウム教団が多くの犯罪行為を引き起こしていたことが明らかになっていたわけではありません。地下鉄サリン事件発生後にオウム教信者の被疑者を次々と逮捕し、取り調べを実施した結果、過去に多くの犯罪を敢行していたことが顕在化しました。それは捜査した結果判明したことであり、それまでは潜在化していたため、捜査が困難であったのです。犯罪が敢行されていても表面化しなかったのは、オウム教団が一種の閉鎖集団となっていた点はありますし、防衛態勢が厳重だったこともあり、内部に潜入するのはもちろんのこと、内部の情報を入手することも困難な状態にあったわけです。

この問題については、国会での団体規制法案の審議の際に「無差別大量殺人行為を団体が行う場合、秘密裏に計画準備されて実行に移されるため、犯行の事前把握が極めて困難である」と指摘もされていますし、法学者の渥美東洋先生が判例タイムズNo.885（1995.11.1）に掲載された論稿「オウム真理教関連犯罪に対する警察活動の省察」で、「複合犯罪と団体による犯罪の摘発の逆クロノロジカルな関連」として、「犯罪行為とりわけ団体・組織による犯罪についての従来の摘発手法によるかぎり、数多くの重大な犠牲とコストが具体的に発生したのちにはじめて、組織犯罪や集団犯罪の構造と全貌が判明するという結末にいたらざるをえない」と、示唆に富む指摘をされています。

——これまでの聞き取りの際、垣見さんの言葉で、「坂本事件の闇は深いなあ」というのがありました。坂本事件というのは、一連のオウム事件のキーになると言えるのでしょうか。

坂本事件は、発生が1989年11月であり、松本サリン事件より4年以上前に発生した事件です。オウム教団が東京都より宗教法人の認証を得た直後の犯行で、その悪質性や時期からして、オウム教団の敢行した一連の犯罪行為の原点と言ってよいと思います。その意味で重いと言えば重いのです。また捜査期間も十分あったわけで、この事件にどう対応できたかは、その後の展開に深く関わっていきます。

――時期的には垣見局長の在任していた時の事件ではなく、直接対応した事件ではないのでしょうが、坂本事件の捜査については、いまから振り返って、どのように思われますか。

オウム事件全体を評価する場合には、坂本事件の捜査の問題が俎上に挙げられると思います。

――問題というと、どういうことですか。

まず、事件の発生がオウム教団の活動初期にあたる89年11月であり、その後の捜査期間が長期にわたったことが挙げられます。そして、当初は行方不明事件として扱うなど、初動段階の対応が必ずしも的確でなかったことが指摘できると思います。

1995年9月11日、坂本弁護士の息子・龍彦ちゃん（当時1歳）の遺体がみつかった現場で線香や花を供える神奈川県警の捜査員ら（写真は朝日新聞社）

――坂本事件の実行犯のひとり、岡﨑一明はまもなく教団から離れ、警視庁とのいろいろなやり取りもありました。

岡﨑をめぐる捜査も、坂本事件捜査の問題点の一つと考えています。90年2月、岡﨑から坂本事件に関して遺体の埋葬場所を記した投書がなされ、90年2月および4月に、投書に基づき埋葬場所の捜索が実施されたのですが、その時は埋葬場所を発見することができなかったことと、その後、投書の主が岡崎であることがわかり、神奈川県警察が岡崎を取り調べたが、事件への関与のみならず事件解明の手掛かりについての供述を得るには至らなかったことが問題でした。

岡崎から事件への関与の供述を得たのは、地下鉄サリン事件発生後に坂本事件の共犯者たちが別の事件で逮捕され出してからです。そのような段階に至る前に、岡崎の捜査をちゃんと進められたら、相当なチャンスだったはずです。当初は岡崎がやったことはわからなかったのでしょうが、わからないとしても、真相に近いところに迫れたのではないでしょうか。もうひとつは、私が在任中のことになりますが、松本サリン事件の発生後の段階で、岡崎からなんとか真相を聞き出す手立てを取ることができなかったのか。それは私の反省点です。

——武田頼政のノンフィクション「密約」後篇（『文藝春秋』2015年11月号）によれば、岡崎への接触ではMという神奈川県警の警備部警視が関与していたようで、そのあたりはどのように考えればよいのでしょうか。

この記事の記述によれば、神奈川県警察でそのような動きがあったのは95年春で、地下鉄サリン事件発生後の時期ですが、その動きを刑事局としては掌握していませんでした。

そのため、当時岡﨑をめぐって、神奈川県警察の刑事部と警備部との間で、どのようなやり取りがなされたのかはわかりません。

——ありきたりの時期ならともかく、オウム教団に対して、次第に疑惑が深くなってきた状況もあるはずですが。

神奈川県警察は、坂本事件にオウムが関与しているのではないかとの疑いを持っており、捜査過程では、オウム教団がサリンについて興味を有しているとの情報を得ていました。そうしたなか、松本サリン事件が発生したのです。刑事局としては、坂本事件の捜査が進展すればオウム教団の実態の解明が進み、松本サリン事件の捜査の手がかりが得られるのではないかと考え、神奈川県警察に対して岡﨑に対する捜査を徹底するように督促はしたのですが、岡﨑から坂本事件への関与を認める供述を得られたのは、地下鉄サリン事件の発生後になってしまいました。異例の措置と言われたにしても、94年秋に、警察庁として強引に捜査に介入して、岡﨑の捜査を進めていけば、突破口が開けた可能性はあったのではないかと思います。

磯子署本部の蓄積はなぜ活かせなかったのか

——坂本弁護士一家失踪事件に最初から関わっていた元神奈川新聞記者の江川紹子さんは、

早くからオウム教団に対し問題提起をしていましたね。

江川さんは、坂本事件のみならず宮崎の事件についても詳しく取材していますし、オウム教団に関しての取材を精力的に行い、その取材に基づく指摘も概ね的を射たものでした。公共の安全と秩序の維持を責務とし、そのために多くの人員を擁し組織力も有していた警察が、結果的に、江川紹子さんひとりの情報収集力におよばなかったと見なさざるを得ません。オウム教団事件の捜査について反省事項の一つです。

——坂本事件については、刑事局長の引き継ぎ時では、どういう扱いだったのですか。

記録を見てみると、当時の警察庁捜査一課長は年に一度開催される全国刑事部長会議、全国捜査一課長会議で坂本事件の捜査の推進について言及して事件の風化を防ぐ努力はしていましたが、警察庁が関与して捜査を進めるような手掛かりはなかった状況でした。

——いずれにしても、坂本事件について捜査本部を置き捜査していた神奈川県警の動きが重要と思われますが、どのように思われていましたか。

坂本事件の捜査については、投書に絡んで岡崎の取り調べを行って以降、捜査は壁にぶつかる状態だったと思います。それでも捜査員は、事件にオウム教団が関与している可能性があるとして地道に捜査を進め、オウム信者の動向を調べ、信者が利用している自動車のデータベースを作成し、さらには、オウム教団の取引先として化学薬品の取引先を調査するなどしていたようです。

――坂本事件での岡﨑の捜査について警察庁による捜査指導が十分でなかったのが、90年の段階と、94年の松本サリン事件後に神奈川県警の指導にあたって、いま一歩踏み込めなかったのと、二つあると理解したのですが。二つめは、松本サリン事件が起きてオウムの関与が浮上した段階で、坂本事件を長い間捜査してきていた神奈川県警に対して、その捜査による蓄積をもっと活かすように動くべきだったという意味ですか。

坂本事件に関連しては、警視庁において岡﨑がオウム教団の資金を横領したとの容疑で捜査を実施していたところ、捜査が競合するとのことで、警察庁の調整により神奈川県警察に岡﨑の捜査を委ねることになった経緯があります。この調整のさい、その後の岡﨑の捜査については、警察庁としても神奈川県警察を指導し、捜査状況についてくわしく報告を求める、といった措置をすべきだったと思います。94年の11月か12月に、坂本事件を解明し、オウム教団の捜査進展を図ろうと、私は神奈川県警察に岡﨑の取り調べを進めるよう要請しています。しかし神奈川は動こうとしなかった。

なお、神奈川県警察が坂本事件発生以来の捜査により蓄積してきた資料は、オウム教団対策を進めていくなかで警察庁に提供してもらいましたが、それらは十分活用できたものでした。その意味で神奈川県警察は、オウム教団対策を進めた警察庁のデータベースの役割を果たしたと考えています。

――資料が捜査全体に役立ったわけですね。

そうです。ただ、それとは別に、神奈川県警察に対しては、本来の任務である坂本事件で、解決のカギを握っていると考えられていた岡崎に対する捜査を進めて事件の解明を図ることを、期待していたのです。これまでも話してきたように、とくに採取した土壌からサリンの残渣物が確認されて以降、私は、オウム教団の危険性を解明し、除去すべきであるとの考えから、宮崎の事件、山梨の事件の容疑を固めて、強制捜査を実施すべく強く指導をしてきました。両事件の捜査が進み情報の蓄積もなされるなか、坂本事件についての捜査がはかどれば、オウム教団について解明が進むものと考えていました。

捜査の壁になったもの

――すでにお聞きしていますが、94年の秋以降、垣見局長は宮崎、山梨の事件に対処するため、長野、静岡、神奈川といった関係県警察で大規模な捜査チームを作っていこうとしています。その際、蓄積がある神奈川県警を、より機動的に動かす手段はあったのではないですか。

オウム教団の施設を捜索するにあたり、宮崎県警察は地の利がよくないとの難点がありました。山梨県警察も動員できる警察官が足りないとのことで、宮崎の事件や山梨の事件でオウム教団の施設の捜索実施も含めて捜査を進めるためには、神奈川県警察の協力を得る必要性が高いと思っていました。

――神奈川県警本部長というのは、刑事局長より入省が先なんですか。

年次は私より2年後の本部長でした。

――警察組織においては先輩後輩関係みたいなもので組織を動かす面もあるといわれます。そうなると、警察庁と神奈川県警はこうした関係性も持ち出せなかったのか、と問いたくなります。

そういう関係性が使える場合があることは否定しませんが、そうした手立ては取っていませんでした。

――神奈川県警はリスクを取りたくなかったのですか。

神奈川県警察としては、坂本事件が長年未解決であったことが大変重荷であり、他の事件に関わってさらに重荷を増やすことは避けたい、との考えがあるとは思っていました。

――神奈川県警は「坂本事件を起こしたのはほぼオウムだろう」と見えている段階でも、解決しようとの積極的な意思が見出せなかったのですか。

それまでの捜査により、オウム教団が坂本事件に関与したとの疑いは持っていて、その解明に向けて努力をしてはいました。しかし、オウム教団の関与を裏付ける証拠を見つけることができず、捜査が壁にぶつかっている状況にあったと思います。

——それもあって神奈川県警察は動かなかったのですね。なお、捜査が進まなかった背景として、いろいろな説があります。救援活動をしていた「坂本弁護士と家族を救う全国弁護士の会」（通称「救う会」）の後ろに共産党をはじめ左翼勢力がいたからだ、といった見方がよく取り沙汰されますが。

事件発生当初の初動捜査段階では、そのようなことが言われていました。とはいえその影響はまもなく、なくなったものと思います。

——いずれにしても本来、警察庁が、とくに刑事局が、より乗り出していく必要があったのではないですか。「松本で事件が起きている。神奈川県警は蓄積があるのでそこを動かそう」というのが、できたのではないかと。垣見さんも「いまにして思えば」とおっしゃったように。

地下鉄サリン事件が起きてオウムの主要幹部が捕まり出し、いずれ他の関係者から真相が明かされるであろうという段階に至って、岡﨑から坂本事件への関与の供述を得られたのですが、そのような状況にまで追い込まれなければ、岡﨑は話をしなかったかと言えるのかもしれません。ただその前であっても、追及の仕方はあったかもしれないと思います。

岡﨑の捜査から突破口が開くことができていれば、地下鉄サリン事件の発生を阻止できた可能性はあったわけです。それを考えると、坂本事件の捜査は神奈川県警察の責務ではありますが、オウム教団の危険性除去を目指していた者として、岡﨑の捜査の徹底について神奈川県警察を指導し、説得すべきであったのに、その努力が足りなかったと言われれば、大きな反省点とせざるを得ません。

——この問題の続きですが、岡﨑の取り調べで刑事部門が十分対応できなかった理由として、文春記事の通り公安が入ってきた事情が背景にあり（210ページ参照）、捜査現場の錯綜した点は挙げられますか。それは全くないのでしょうか。

その点はわかりません。

——この件に関して、警備局と意見交換というか、情報交換したということはあったのですか。

岡﨑の件について警備局と話したことはありません。

——司法取引めいたものがあったという文春の指摘については、どうお考えですか。

その点は、当事者が事実を話さない限り真相はわからないと思います。95年5月頃でしたか、神奈川県警察より岡﨑が坂本事件への関与を話し始めたとの連絡があったときには、長年の懸案事件の解決の道筋がついたことに安堵しましたが、気がかりだったのは、岡﨑の供述が信用に足りるものであるかでした。その点は、坂本事件の捜査着手時期をどうするかに絡んで、後々も頭を悩ましました。

長官狙撃事件という闇

――坂本事件にはいろいろと闇があるようですが、もうひとつの闇として、國松長官狙撃事件が挙げられます。

現在に至るまで真相が解明されていないのですから、そのように言われても仕方がないと思います。

――國松長官がどこに住んでいるかについて、荒川区南千住のマンションに引っ越したといった情報は、警察の内部に信者がいて、そこから流れたという話はありますか。

長官の住まいを警察庁内では知っていた者もいましたし、記者クラブのメンバーも知っていたと思いますので、調べようと思えば調べる方法はあったと思います。

――この事件を解決できなかったことを、公安部門の失敗にされるとまずい、というのは、公安関係者にあるのでしょうか。

事件が未解明のままとなったことについての責任は、自覚していると思います。

――すでに垣見さんは中村泰が犯人である可能性について言及されました。そこを改めてお聞きしたいと思います。中村は2002年11月、名古屋で現金輸送車を襲撃し逮捕されています。

中村が銃撃事件の捜査線上に浮上した時には、警察を離れていて捜査情報を得ていたわけではありませんが、鹿島さんや原さんが書かれた出版物（鹿島圭介『警察庁長官を撃った男』新潮社、原雄一『宿命』講談社）には、目を通しています。それらの記述によると、中村は凶悪事件を敢行した前歴もあるうえに、新宿に武器の保管庫を持っていて、その武器庫を事件当日に開閉した事実が判明しているとのことです。そして、警察が保管庫の存在を察知して中身を押収したところ、銃撃に使われたとされるコルト・パイソンはなかったけれども数丁の銃器があったとされています。また中村が、保管庫を開閉した時刻に銃撃現場から行くことは可能とされます。それらのことから、中村が狙撃事件に関与した可能性は高いと思います。

――ただ、なぜ中村なのか、というのがわかりませんね。

中村自身は、オウム事件捜査を促進するためと語っているようですが、動機については疑問に思います。その点は、中村を真犯人とすることを躊躇させる原因にもなっていると思います。

――単独犯という意味では動機が曖昧だというわけですね。

別な動機ないしは何らかの背景事情があると疑われるところであろうと思います。95年4月には村井秀夫刺殺事件があり、現場で犯行に及んだ暴力団関係者の人物は捕まり、義憤で個人的にやったことになっているのですが、関連して暴力団幹部が共犯者として逮捕されました。ただ裁判の結果、共犯者とされた者は無罪となっています。背後関係が未解明のまま、結局、30年が経ってしまいました。

――狙撃事件の中村にしても同じようなものだと。

中村は狙撃事件の犯人とされているわけではありませんが、仮に中村が言うように自身で狙撃事件を敢行したとしても、その動機や背景事情の点で、事案の真相は未解明と言わざるを得ないと思います。

――中村の話したこと以外に、中村が狙撃事件の犯人とする根拠はあるのですか。

その後、毎日新聞の取材で、中村が取り調べられた頃は判明していなかった共犯者である疑いがある人物の存在が明らかになり、その者の話では、事件当日、銃撃現場から逃走する中村を手助けしたとされています。また、中村はアメリカに在住している際、射撃の訓練をし、銃器の扱いも相当なレベルであったとのことです。それらからも犯人としての適格性はあると思います。

――狙撃事件の公訴時効（2010年3月30日）に際して、青木五郎・警視庁公安部長は捜査結果を公表し、記者会見で、「これまでの捜査結果から、この事件はオウム真理教の信者グループが、教祖の意思のもとに組織的・計画的に敢行したテロであったと認めました」と発言しました。この公表は批判され、「アレフ」と名称を変更した元オウム教団から訴えも起こされて、裁判で負けています。東京地裁は「アレフ」の訴えを認め、損害賠償100万円の支払い、および謝罪文の交付を東京都に命じました。そうなると、公安はなぜそこまで、「中村ではない」と頑なになっていたのか疑問に思います。あの結果公表は、警視総監だった米村敏朗さんが主導した説も強いようです。

米村さんは2001年に公安部長となり、以来、95年に起きた狙撃事件の捜査を指揮してきましたし、総監在任中にもオウム犯行説に執着していたと言われます。もっとも、狙撃事件の時効の時には、警視総監を退任しています（2010年1月退官）。

――警視庁は、なぜあそこまで頑なにオウムにこだわったと思われますか。

捜査がその路線で来たので、引き返せなかったのでしょう。

――引き返せない、というそれだけの理由でここまで突っ張るもんですか。「こちらのほうが正しい」という確信が、やはり公安にはあったのではないでしょうか。

公表された「捜査結果概要」によれば、捜査関係者はオウム犯人説を確信していて、捜査の方向が間違ったとは思っていないように感じました。

――そもそも立証、立件していない者を被疑者扱いするということ自体が、問題になっています。それを時効のタイミングで言うのですから。

刑事警察に長く携わった者としては、理解できないことです。

第9章
オウム事件全体の評価②
30年後に振り返る

事件が一段落した95年6月時点で行われた「反省・教訓事項の整理」をもとに、リスクを取る判断ができた場合についての言及がなされ、また組織運営上の反省点が語られる。さらに、事件を経て進んだ法整備について、その内容と、のちの警察組織にとってどのような意味があるのかが述べられる。

1994年末段階でリスクを取れなかったのか

――さて、では本書のテーマでもある、「どうすれば地下鉄サリン事件を防ぐことができたのか」という質問です。坂本事件であれ松本サリン事件であれ、きちんと対応して捜査を詰めていれば、ということは、すでにお聞きしています。それをふまえ、30年後の視点からお考えになって、地下鉄サリン事件を防ぐためには、どうすべきだったと思われますか。

95年6月の段階で、それまでのオウム教団関連事件の反省・教訓事項を整理する試みをしました。挙がってきたことで要所は次の2つとなります。1点目は、事件の評価についてで、事件、事案を被害者の立場から受け止め、警察の物差しだけで判断しないことです。2点目は地域責任に基づいてで、事件やトラブルを地域全体で把握し、対応することです。

――それぞれ、具体的にお願いします。

オウム教団に関連した事案については、大きな事件が引き起こされる以前に、全国各地において、さまざまなトラブルが生じていました。しかし、それらの事案に対しては、親族間の紛争だ、あるいは宗教上のトラブルである、などと捉えられていたのです。捜査に時間と人手がかかるうえに、犯罪として立件できる見通しが立たないとのことで、捜査着手にまで至りませんでした。これらが積み重なり、その結果、オウム教団の違法行為を助長し、教団の暴走を招来したのではないか。その反省をふまえた教訓が1点目です。

2点目として、地域責任に関しては94年秋にオウム教団関連の事件、取扱い事案の調査をしたことはすでに話しており、集まった事例中では直ちに事件化できるものは少なかったとも言いました。しかし、それぞれは直ちに事件として扱うには難しいとしても、他の事例と併せて検討すれば、別の取り組みができたはずです。実際どれも、問題となっているオウム教団とかかわる事例であり、また、自治体を始め地域住民が再三にわたり警察の対応を要請している点にも、より着目する必要があったと思います。そのうえで警察としては、縦割り組織の谷間にあるものとして見過ごすことなく、当該地域の治安責任を有するものとして取り組むべきだったはずです。こちらもオウム事件に対する大きな反省点です。

――いまの責任論議は、いつ、どのような場所で行われたのですか。

これらの反省・教訓事項については、95年6月に開催された全国警察本部長会議において話したのですが、地下鉄サリン事件の全容が概ね解明できて一段落した時期であったこともあり、会議出席者の反応は芳しいものではありませんでした。とくに、地域責任について言及したことについては反発が強かったようです。

――そこもふまえて、なぜ地下鉄サリン事件の発生を防ぐことができなかったかについては、改めていかがですか。

その問いについては、これまでにも話したことでもありますが、大きな反省事項が二つあります。第一点としては、94年12月に行われた会議についてです。この会議において、捜査の着手時期を定めるには時期尚早となったことを話しましたが、結果論ながら私の覚悟が足りなかったと言わざるを得ません。そこで踏ん張って、オウム教団施設の捜索に向けて進まなければ大変な事態になる、とまでの危機感を持つことができなかったことを反省しています。また、会議で議論して方向付けをしようとしたやり方自体が、ことの性質上、適切ではなかったと思います。

――会議で議論して決めるのではなくて、違う形のほうがよかったというわけですね。

あの局面では、会議で議論するのではなくて、個別に話をすべきでした。そうすれば、結論がどのようになるとしても、責任を持った判断がなされたものと思います。

――垣見局長が当時、それをしなかったのは、振り返ってなぜだと思われますか。

そこまでの覚悟ができていなかったからです。

――先ほど神奈川県警の対応について、「リスクを取りたくない」という見方も示されましたが、このとき垣見局長には、そういったお気持ちはありませんでしたか。

リスクを取る決断ができなかったと言われてもやむを得ません。

――94年12月15日の会議というのは、すでに話はありましたが、メンバーは長官、次長、刑事局長、警備局長、それから捜査一課長、室長でしたね。

室長まで入っていたかどうかは定かではないものの、そういったメンバーでした。

――そのメンバーで会議をするのと、個別に話すのとはやはり違うものですか。

会議により結論を出す場合は、往々にして、参加者にとって負担やリスクの少ない結論になりがちであり、この時の会議での「時期尚早」との結論も結果的にリスクの少ない方向のものであったと評価されてもやむを得ないものと思います。その反省を基にしたのが、先ほどの二つのうちの第二点です。

――のちに考えると、その会議に結論を任せたことが、ひとつの反省点になるということですね。

そうなります。

――会議から6日後の12月21日に警察庁で、山梨、長野、宮崎、神奈川各県警の担当課長補佐と警察庁の南雲捜査一課長および担当補佐が参加して、オウムの案件をどうしようかという会議をなさった。そのときは各県警の出席者から、「もっとやるべきだ」といった前向きな話はなかったのですか。

その会議には出席していないのですが、報告のなかで、各県から「自ら積極的にやる」という意見が出されたとの話は聞いていません。

――反省事項の第二点について、聞かせてください。

大捜索の実施を3月22日と設定したことです。2月末に発生した公証役場事務長逮捕監禁事件はオウム教団信者による犯行であることが捜査によって判明し、警視庁において捜索を実施できる状態になったのです。しかし早い時期での捜索に踏みきれず、3月22日に捜索を実施するとの判断となり、結果としてオウム教団による地下鉄サリン事件の犯行を阻止できなかったことは痛恨の事態でした。捜索を3月22日に実施するとしたのは、オウム教団がサリンを所持している可能性が高いとの判断により、捜索にあたっては、サリンが使用される可能性を想定して、装備資器材を準備するための期間も必要だったからです。その時の判断としては間違いとは思いませんが、その結果生じた犠牲の大きさを考えると、より早い時期に捜索するという判断ができなかったのか、という思いは消えません。

警察内部への対応の誤り

――これから先は、事前にお問い合わせして、垣見さんから反省点として文書でご回答をいただいた内容について、お尋ねしていきます。垣見さんは、組織運営上の反省点として、地下鉄サリン事件発生の前にオウム教団施設の捜索ができなかったことを話されましたが、オウム教団問題と取り組んだご自身の行動については、反省として次のように述べています。①警察内部の者に対する配慮が足りなかったこと。②オウム教団への脅威認識の差異について、厳しい態度で対応したこと。③適切なマスコミ対応をしなかったためマスコミ側の不満を増大させたこと。以上の3点です。各項について、ご説明をお願いします。

お尋ねについては、オウム教団事件の捜査の是非についてではありませんし、私自身が反省すればよいことなので、くわしく話をすることは差し控えますが、オウム教団と対峙するなかでの私の発言や行動が、警察組織の中でさまざまな軋轢を生じさせたことは反省しています。神奈川や宮崎にしても山梨にしても、私は県警察に、結構きついことも言いました。その際、若干出過ぎたというか、配慮が足りなかったところが多々あったと思います。

——警察のなかでオウムの脅威についての認識に差異があったと言ってよいでしょうか。

表現の仕方がうまくないかもしれませんが、私が、脅威を過大に捉えていたのかもわかりません。その脅威の認識が周囲とずれていたのか、「なにか変なことばかり言っている」と思う向きもあったようです。たとえば、「オウムはサリンもそうだし原子力もある、レーザーもやっているんだから、大変だ」ということを一時、口走っていましたから。また、マスコミとの対応については、反省することが多々あります。

——どういったところですか。

オウム教団との対峙にあたり、世論の支持を得ることが必要だとは理解していたのですが、そのためのマスコミへの対応について、努力が足りなかったことへの反省です。大部分のマスコミの人は僕に反発しましたし、そういう状況は警察内部にも伝わっていました。

——マスコミはお嫌いでしたか。

以前に誘拐報道協定の事件で記者のみなさんに吊るし上げられるような厳しい洗礼を浴びたことがありましたが、好き嫌いの感情は持っていません。しかし、オウム教団の問題に関しては、信教の自由を保障されている宗教団体でもありますし、確証を得るまでマスコミ対応は慎重に行う必要がある、と考えていました。また、イラクのクウェート侵攻時（1990年）にアメリカ軍が採った「マスコミには情報を漏らさない」とする、ブラックアウトの考え方から影響を受けた面もあるかと思います。

――クウェート侵攻は戦争ですから。戦時の対応です。

オウム教団問題とは性格が違うのですが、類似の対応が必要な事案だと考えていました。対オウム教団は警察にとって一種の戦いというか、戦争とまでいうと語弊があるけれど、そのような思いでした。いまになって冷静に考えれば、もっと気持ちにゆとりを持って、より適切なマスコミ対応をすることができたならと反省しています。

――「適切な対応」というのは、別に情報を漏らすということではなくて、ですね。

対策や事件捜査にとって差支えのある機微な情報を話すということではなく、背景の説明も含めてマスコミのみなさんと率直にお話しできる機会は作れたのに、それを怠ったと言われてもやむを得ません。

――先ほどのマスコミへの姿勢というのは、主に地下鉄サリン事件や一斉捜索ですか。

地下鉄サリン事件の発生する前からです。

――94年からですか。

94年当時は次第にオウム教団の実態がわかりだした段階で、話せないことが多くありました。地下鉄サリン事件発生後についても、オウム教団の関与についての証拠も入手できない段階では、話せないことは多々あったのです。話せないというか、十分把握できていないことがたくさんあり、いろいろな噂が乱れ飛んでいるけれど、事実関係としては「コメントのしようもない」という状況だったのです。他方、教団側は、当時教団幹部がテレビに頻繁に登場して事件に無関係であるとの主張や宣伝活動を大々的に行い、それに対して、警察側はマスコミ向けに提供する材料を持ち合わせていないとのことで、「警察は言われっぱなしか」という意見も多く出ました。

刑事局と警備局の連携はできなかったのか

――刑事局と警備局の関係性の問題も、よく指摘されるところです。刑事局のトップとして、松本サリン事件以降、刑事局と警備局が「国家を揺るがすような大変な事態なんだ」という認識でもう少し連携して、動くことができなかったのでしょうか。94年の7月、8月からオウムの関与がどんどん濃くなってきます。10月、11月、12月になるとさらに濃くなるわけで、その間、もう少し連携して対処できなかったのかなと、われわれは思ってしまいます。垣見局長の対応というより、警察内部のいろいろな課題もあるのでしょうが。

オウム教団の問題と取り組むにあたっては、刑事局として、警備局との連携が必要だとの考えでいたことは、これまでもお話しました。そのために大事な情報については共有していましたし、節目の会議には警備局の関係者にも参加してもらっています。

――その際、警備局の対応はいかがでしたか。

警備局サイドがどのような姿勢で対応しようとしていたか、よくわからないところもありますが、オウム教団の一連の事件捜査、対策の実施にあたっては、警備局としてもその役割を果たしたものと考えています。

――30年が経過した時点で、事件捜査の観点で残念に思うことはなんでしょうか。

オウム教団の関与した犯罪行為については、一連の捜査活動により概ね解明されたものと考えています。しかし、先ほども話しましたが、背景事情が不明のままになっている村井刺殺事件や、真相が解明されないまま30年が経過してしまった長官狙撃事件が存在する点は、大変残念に思っています。

事件を機にした法整備①／警察法の改正と評価

――オウム事件を受けて、類似事件への対応を念頭に制度整備がなされます。最後にそのテーマでお尋ねします。まず警察制度は警察法ではどうなっているのでしょうか。

日本の警察制度は、警察事務の執行を原則として都道府県の警察にゆだねる一方、国家的・全国的な性格を有する特定の事務については、中央の警察機構に指揮監督権を与えることとなっています。

——そのような警察制度のもとでオウム事件が発生し、そのとき警察庁刑事局長に在任していたのが垣見さんでした。

警察制度は、警察職務の執行はすべて都道府県警察が行うものであり、中央の警察機関は「国の公安に係る警察運営をつかさどり、警察教養、警察通信等を統轄し、警察行政に関する調整をすべき事項を任務とし、そのために必要な特定の事項について、都道府県警察に対し一定の権限を有するもの」（警察法より。要約）とされています。たとえば、民心に不安を生ずべき大規模な災害に係る事案、および地方の静穏を害するおそれのある騒乱に係る事案については、警察庁長官が都道府県警察を指揮監督する権限を有しているのですが、その範疇に属さない一般の事案については、「当該事案を管轄する都道府県警察の責務として、捜査、被疑者の逮捕等を遂行すること」（同）とされていて、警察庁は指揮監督する権限を有していません。

——事件捜査を進めてきた県警などに対する、垣見局長のオウム教団対策としての関与や指導にも、そういった法律上の制限があったわけですね。

この警察制度のもとでは、都道府県警察の行う捜査活動について、警察庁が権限を有するとして関与する余地は、ほとんどないと言ってよいと思います。

——関係県警察同士の連携については、いかがでしょうか。

警察運営に間隙が生ずることのないよう、都道府県警察間の関係の調整等については、警察法第59条から第61条の2に規定されており、そのような場合には、警察庁が調整することが想定されています。

――警察法は、オウム事件を機に一部整備されましたね。

警察法は、都道府県単位で捜査するという大枠は、現在に至るも変わりありません。ただオウム事件を機に、広域重要事件に関しては、警察庁が指導できる項が追加されたのです。

くわしく言うと、オウム教団に関する事件捜査が進み、その捜査過程を検証した結果、「オウム教団に対する捜査が迅速円滑に行われなかったのは、都道府県警察間の関係の調整を警察庁が適切に行うことができなかったのが一因だ」とされ、なかでも、公証役場事務長逮捕監禁事件や地下鉄サリン事件が発生する前に、警視庁が山梨県内のオウム教団関連施設等に対し権限をおよぼすことができなかった点は大きな問題だ、と捉える向きもあって、そこには制度上の問題があるのではないかとの反省がなされました。これが96(平成8)年6月の警察法改正につながります。

――その改正では、広域的な組織犯罪に対処する法整備がなされました。

法改正のさい、「この種の大規模かつ複雑な事案を処理するためには、都道府県警察が管轄区域外に権限を及ぼしうることが必要である」とされました。しかし、どのような体制を取るべきか、また、任務分担をどのようにするかを判断するのは、各都道府県警察では対応が困難であるとのことから、従来の規定に第60条の3として「広域組織犯罪等に関する権限」の項が、また、第61条の3として「広域組織犯罪等に対処するための措置」の項が加えられました。その1項で「長官は、広域組織犯罪等に対処するため必要があると認めるときは、都道府県警察に対し、広域組織犯罪等の処理に係る関係都道府県警察間の分担その他の広域組織犯罪等に対処するための警察の態勢に関する事項について、必要な指示をすることができる」と規定されたのです。そして2項で、「指示を受けた都道府県警察は、他の都道府県警察に対し人員の派遣を要求すること等の措置をとらなければならない」(要約)とされました。

――オウム事件のときに、この規定があれば、垣見局長もやりやすかったことになります。なお、対オウムを機にした法改正について付け加えると、99年には、無差別大量殺人を行った団体の活動を制限する団体規制法も整備されます。こうした法制度の整備について垣見さんはどう評価されていますか。また、そうした経過をふまえて成立した現在の法制度で、警察は対処できると考えておられますか。

この警察法の改正は、広域的な事案への対応が間隙なく行われるためにとして必要な措置だと思っています。お話したように、オウム教団に関する捜査に関しては、95年に入ってから「警察庁刑事局としては、警視庁の捜査への参画を図ることが必要である」との考えになりました。警視庁管内においてオウム教団の関与した事件があればいいのですが、ない場合にはどのようにして警視庁の協力を得るか苦慮していたのです。その経験からも、この警察法改正は、今後同種の事案が生じたときには有用なものとなると考えています。ただ、オウム事件の捜査に関して、「従来の法制度の制約があったから捜査が順調に進まなかったのか」と問われれば、「そうとばかりは言えない」と思っていますし、オウム教団事件捜査の一連の取り組みにおいて、オウム教団の有していた危険性の除去のためには、都道府県警察の行う捜査に頼らざるを得ず、そこから生ずるさまざまな葛藤を経験した者として、今後同種の事案に遭遇した場合にこの立法措置のみにより適切な対応ができるとは楽観視していません。

――たとえば、どういったあたりが気になりますか。

オウム教団の事件捜査の過程でなされた、警視庁や関係県警察とのやり取りを振り返ってみると、警察庁は、全国から教団関連事案の報告を求めて集約し、また、坂本事件関係の情報や松本サリン事件の捜査情報の提供を受けるなどした結果、オウム教団について情報集積がなされ、それを分析して知見を有していました。だからこそ、宮崎県警察や山梨県警察も、刑事局の要請を合理的理由のあるものと受け止めて対応することとなったものと思います。また、公証役場事務長逮捕監禁事件の捜査にあたり、警視庁が、警察庁の要請を受けて、山梨県上九一色村に所在するオウム教団施設に対して本格的な捜索を実施する決断をしたのも、同じような理由からだと思います。そのことからもわかるように、広域組織犯罪等に対処するため、警察庁が都道府県警察に必要な指示をするには、警察庁自体が事件の全体像について一定の情報や知見をもっている必要があります。

——具体的な対策としては、どのようなものが考えられますか。

「オウム真理教関連犯罪に対する警察活動の省察」で述べられた、渥美東洋先生の次の提言は、この観点からも傾聴すべき内容です。「犯罪の背景について、多種多様の情報を集積し、分類し、整理して、活用しなくてはならない」ので、「社会不安や犯罪に関する直接又は背景情報を一元的に集約するセンターを警察庁に設置する」といった記述です。

——警察庁の責任も大きくなりますね。

たとえば、仮に大崎の事件が発生していなかったとして、その段階で警視庁に、場合によってはサリン散布による被害が生じる危険があるため、警視庁の部隊を上九一色村の教団施設の捜索へ出動させる事態を想定すると、指示を出す警察庁は事実上の指揮権を発動することになるわけです。よってその結果に対して、相当の覚悟が必要となると思います。

――さて、都道府県警の管轄の枠を超えて捜査ができるという点では、法整備は進んだのであって、それに、垣見さんが警察にいらした頃とは、だいぶ時間も経ってもいます。それを前提にお尋ねします。「かつてあった都道府県警の垣根は、いま、当時と比べて確かに低くなっている」というご認識ですか。

最近多発している特殊詐欺あるいはサイバーテロ・犯罪の状況から、従来以上に都道府県警察間の情報交換、捜査協力を進めざるを得なくなっていると思います。

――警察庁の役割はどう変わってきたと見ていますか。

時代の変化するなかで、犯罪の国際化、広域化が進んでいます。この状況に応じて、サイバー空間における脅威に対処するためサイバー警察局が設置されました。また、犯罪収益対策として、疑わしき取引の集約、分析を行うようになるなど、警察庁の役割はだいぶ変わってきていると思います。

事件を機にした法整備②／宗教法人法の改正と評価

――オウム事件による法整備というテーマからですと、警察法以外にもう一つ、宗教法人法の改正があります。95年10月17日に国会に提出され、11月13日に衆議院可決、12月8日に参議院で可決して成立し、早くも同15日には公布されています。

宗教団体がその生成、発展段階において活動が過激化することは、これまでの日本の歴史のなかでいくつかの例があり、欧米各国においても、カルト集団の過激な活動事例は明らかになっています。それらを考えれば、治安維持、犯罪対応を責務とする警察において、オウム教団の活動の過激化も、本来、予期できないものとは言えなかったはずです。その点は前提としますが、やはりオウム教団の存在はとりわけ特異だったのです。教団活動を妨害する者に対して、排除するためには殺人をも厭わないばかりか、不特定多数の者を殺害することが可能な化学兵器を実際に開発し、使用するまでに至った。こうした活動内容の宗教団体は、それまでの日本における宗教への見方からすれば、想定外のことでした。

――テロリズムを平気で実行していく宗教団体、というのは、歴史的にもかなり飛躍のある存在だったことは確かです。それもあって、警察の対応が当初は機敏にできなかったとは言われています。そういった状況からオウム事件を経て、警察内はもちろん、世の中全体として宗教に対する見方が変わり、法改正に結びついたわけですね。

大きな流れとしてはそうだと思います。宗教法人法の改正内容のうち主要なものは次の3点です。1点目は所轄庁についてであり、複数の都道府県で活動を行う宗教法人の所轄庁は文部大臣（現在は文部科学大臣）とする、といったもの。2点目は事務所備えつけ書類の見直しとその一部写しを所轄庁へ提出することについてであり、事務所に備えつける書類として財産目録等の書類に加えて収支計算書等を加えるとともに、これらの書類の写しを毎会計年度終了後4か月以内に所轄庁に提出することとする、といったもの。3点目は所轄庁の報告徴収および質問についてであり、所轄庁は、宗教法人について、裁判所に対する解散命令の請求等を行うべき事由に該当する疑いがあると認めるときは、その業務等の管理運営に関する事項に関し報告を求め、または職員に質問させることができること、といったものです。

――改正の経緯について、コメントすることはありませんか。

この法改正については反対意見も少なからずありました。オウム教団の敢行した地下鉄サリン事件の直後であったこともあり成立したもので、私はこの改正を是とする者ですが、改正によって直ちにオウム教団のような宗教団体の暴走を予防し、抑止する効果があるものとは思っていません。もちろん、この改正により宗教団体の活動の透明性を確保する手段が得られたわけで、一歩前進と評価をしていますし、その効果は、最近の旧統一教会に対する解散命令の手続きでも明らかになっていると言えると思います（23年10月13日、文部科学省が東京地裁に請求）。

――1999年12月には「無差別大量殺人行為を行った団体の規制に関する法律」が成立し、同法に基づき、オウム真理教に対する観察処分がなされていますが、どのように受け止められていますか。

オウム教団の関与する違法行為に対しては、95年3月22日の強制捜査以降、警察による徹底した捜査が行われました。それをふまえて、同年10月には教団の解散命令が決定され、96年5月には教団について破産法に基づく破産宣告が決定されています。さらには、96年7月に公安調査庁は、破防法（破壊活動防止法）に基づき、公安審査委員会に対し、教団を解散指定処分に付する請求を行いました。ただ97年1月、公安審査委員会は請求を棄却しています。オウム教団は、破防法に基づく解散指定処分の請求が棄却されたのち、次第に活動を活発化するようになり、国民の不安感も高くなり教団の活動規制等の立法措置の要請も多くなってきたことから、99年11月2日、国会に法案が提出され、同年12月3日に無差別大量殺人行為を行った団体の規制に関する法律（団体規制法）が成立します。

――法律はどういった効果を生んでいますか。

この法律が制定されたことにより、オウム教団は、公安調査庁や警察の監視下に置かれ、場合によっては再発防止のため、一定の活動の停止をさせることができるようになりました。それは、教団が再び暴挙を行うことを防ぐ効果のあるものと考えています。

――問題点があったらご指摘ください。

オウム教団については、このような法的な制度が整備されたことにより、暴発を防止するための措置が取られましたが、この法律により、その他の団体が同種事案を敢行することを防止することにはならないものと思います。法案審議の過程で、「無差別大量殺人行為を団体が行う場合、秘密裏に計画が準備されて実行に移されるため、犯行の事前把握が極めて困難である」との指摘もありました。今後、同種の事案発生を防止するためには、おとり捜査や通信傍受の要件の緩和などの新しい捜査手法を採り入れることも必要と考えます。また、違法行為が発生した後に対応せざるを得ない捜査に携わった立場からは、カルト対策についても、改めて議論し、立法措置や法律制定まで至らなくても基準を定めたガイドラインを作成して、カルト集団の危険性について行政や民間の間で共通認識を持ち対処することが望ましいと考えています。ただこの問題は、一時活発に議論されましたが、有効な方策の具体化までには未だ至っていません。

――「財政などをチェックできる」「解散命令等の事由に該当する疑いがあると認めるときは、（所轄庁は、宗教法人に）報告を求め、質問できる」という改正でしたが、そうした法的整備を実施しなければならなくなったのは、オウムへの捜査がなかなか進まなかった理由の一つとして、東京都から認証された宗教団体だったことがあると言われています。それから他の宗教団体、とりわけ公明党、創価学会との関係から捜査が若干遅れたというのはなかったのか、という問いがあります。ほかにも、統一教会など問題のある宗教団体が戦後日本に続出しており、そういった団体に対して、戦前の内務省時代に行われた取締りがやりすぎだったとの認識から、警察に躊躇させる感じもあったように思われますが、いかがでしょうか。

戦前における、国の宗教団体対処には批判があり、また国家神道の問題もあって、戦後は信教の自由が保障され、政教分離が基本となりました。国が宗教団体に干渉すべきでないとされたのです。そのようななかで、宗教に対する警察の活動も影響を受け、宗教と絡む事件についての対応は慎重に扱うとの雰囲気はあったと思います。

——もっとも、宗教団体への警察の対応のなかで一番大きいのは、やはり創価学会の影響といえませんか。

創価学会が多くの信者を集め、勢力を拡大し、社会的に存在感のある団体となっていることは否定できないと思います。もっともその存在が、オウム教団の捜査に影響を与えたとは思っていません。ただ関連して考えてみると、戦後体制下で信教の自由を保障され、宗教団体の活動が活発になるなか、警察においては、「宗教団体に絡んだ事案についてはあまり介入しない、関与しないほうがいいんだ」という全体的な雰囲気は生じていました。それが結果的にオウム教団の捜査についても影響したとは、いえると思います。

——警察において、そうした雰囲気というか、ありかたが存在していたなかで、オウム教団という想定外の相手と、刑事警察のトップに在って対峙したのが垣見局長だったわけですね。

春秋を経て

――これまでの反省点とも関わるのですが、垣見さんはご自身への処遇について、更迭あるいは失脚という、かなり厳しい言葉を使われました。なぜそうしたところへ追い込まれたとお思いになっているのか、ここで改めて聞かせてください。

松本サリン事件から地下鉄サリン事件など大きな事件を経て95年9月に刑事局長の職を離れるまでの一年余の期間は、いま思えば異常な事態の連続でした。その間、私自身の問題として配慮が足りなかったと反省することも多くあったと思います。先輩・同僚に対する態度が、なんというか、傲慢だったというか不親切だったこともあったと思います。またマスコミとの対応にはとりわけ問題があり、警察内外でそれらを批判されるのであれば、甘んじて受けざるを得ないことと思っています。30年を隔てて当時を振り返っても、そういった感慨が生々しく迫ってきます。

――いま話された警察内の見方の結果、本来責任を取るべきだとの意見もある警察庁の長官はそのまま居残り、次長も残って、ナンバースリーである垣見局長が責任を取ることに

垣見隆氏（右中央）と聞き取りメンバー（撮影・仙波理）

なった。こう言ってよろしいでしょうか。

人事については理由を明らかにしないのが通例であり、人事措置の真意はわかりません。長官については、狙撃をされたことで、「大事な時に不在となってしまった」という思いはあったでしょうし、警視総監にしても、「長官狙撃を防げなかった」という意識は、大変強かったのではないでしょうか。そういう意味で、警察首脳はそれなりにいろいろな思いがあったに違いありません。こうした点はさておき、人事に込められたメッセージを私なりに解釈すれば、地下鉄サリン事件について、首謀者の教祖を逮捕し全貌が解明できる状況になった段階で、オウム教団の一連の事件捜査に対する批判も多かったことをふまえて、けじめをつける必要が生じたはずです。

その事情を背景にした措置であったのだろうと思います。

――わかりました。それでは最後に、全体のコメントをお願いします。

改めて言うことにもなりますが、オウム事件とは、過激化して不特定多数を殺害するまでになったオウム教団と、治安を守る警察組織が全面的に対決することになった事態です。警察は結果的に、教団に対して壊滅的な打撃を与えることができました。ただ一方で、オウム教団の力が強かったこともあり、その圧力に抗して全力を挙げて対峙した警察組織にもさまざまなところに歪みが生じたものと思っています。警察内部においては、オウム教団の脅威に対する認識の相違があったことに加えて、捜査の進め方、長官狙撃事件の警備責任の問題、マスコミ対応等をめぐって多様で複雑な動きが生じていました。

その結果、オウム教団の捜査の中途ではありましたが、私は95年9月に刑事局長の職を離れることになり、翌年8月には退官するに至りました。いわば職を失い、週刊誌などに誹謗記事が掲載されるなどして名誉も失うこととなったと言っても良いと思います。私自身反省すべきところは多々あり、それはこの聞き取りでも話してきましたが、その後、新たな道へ転身して25年を経たいま、過去のいきさつを振り返ると、「あれから30年。これも人生か」という感無量の思いが湧いてきます。それが偽らざる現在の気持ちです。

――さまざまな観点でお話を聞かせてくださり、ありがとうございました。

経緯の時系列表

〔教団関係前史〕

1984（昭和59）年2月　オウム神仙の会設立。

1987（昭和62）年7月　オウム真理教に改称（登記は89年8月29日）。

1989（平成元）年11月4日　坂本堤弁護士一家殺害事件発生。

1990（平成2）年2月　第39回衆議院議員総選挙で、「真理党」として教団幹部ら25人が出馬、全員落選。

8月16日　オウム教団が熊本県波野村で山林等を取得する際、必要な届け出をしなかった国土利用計画法違反等事件で、熊本県が教団を告発。

〔本書に関する経緯表〕

1993（平成5）年9月10日　垣見隆氏、警察庁刑事局長に就任。
1994（平成6）年3月27日　宮崎県下の旅館経営者営利略取事件発生。
6月27日　松本サリン事件発生。
6月28日　警察庁科学警察研究所（科警研）所長が現地（松本）入り。
6月30日　国家公安委員会委員長交代（石井一氏から野中広務氏）。
7月3日　長野県警察科学捜査研究所と長野県衛生公害研究所の双方から「サリンと推定さ

れる」との鑑定結果が出たと記者発表。
7月上旬　垣見局長が防衛庁を訪れ、村田直昭防衛局長にサリンの件を相談。
7月11日　長野県警察刑事部長が警察庁に捜査状況を報告。
7月下旬　警察庁の担当官、長野県の担当官、科警研の職員が陸上自衛隊の「化学学校」を訪問し情報交換を行う。
7月28日　元看護婦（当時、現看護師）監禁事件起こる（脱走しようとした元看護婦を山梨県の教団施設に連れ戻し、監禁）。
8月初め　長野県警察本部長から垣見局長に電話。
8月3日　長野県警察捜査一課長が警察庁に来て打ち合わせ（河野義行さんの容疑、薬品捜査の徹底など）。
8月8日　警察庁で、神奈川県警磯子署にあった坂本弁護士一家失踪事件の捜査本部担当官との会議。「オウムの機関誌にサリンに言及した部分がある」との報告を受ける。
8月9日　警察庁の捜査一課から、サリン事件にオウム関与の疑いがあると、垣見局長に報告が上がる。
8月21日　宮崎県の営利略取事件の被害者（旅館経営者）が自宅へ戻る。宮崎県警は9月26日、告訴受理。
9月初めかそれ以前（時期不詳）　垣見局長が菅沼清高警備局長に、「オウム教団がサリンの原材料を買い込んでいると長野県警察から上がっている」と話す。
9月6日　垣見局長は、警察庁捜査一課広域捜査指導官室（稲葉一次室長）に、オウムを対象にするよう指示。専従班が結成される。

9月末　磯子署捜査本部より「山梨のオウム施設周辺で異臭があった」との情報提供（事案の発生把握自体は7月上～中旬）。

秋　垣見局長、大本事件の捜査を扱った『白日の下に』を稲葉室長と読み合わせ、内容を検討する。

10月4日　オウム関係の告訴・告発などについて全国調査（第1次）を開始。刑事局捜査一課が全都道府県警に指示。

10月7日　山梨のオウム施設周辺で長野県警が土壌を採取。

10月12日　全国調査結果を集約。85件を把握。

10月17日　7日採取の土壌が科警研に持ち込まれる。

10月24日　宮崎県警察捜査一課長が警察庁に来て、事件の検討会が行われる。県警は「任意捜査は可能」。警察庁より強制捜査を要請、県警が持ち帰り。

10月25日　全国捜査担当課長会議。

11月11日頃　科警研より土壌鑑定の中間報告。「サリンの残渣物が含まれている」。

11月16日　科警研より「サリン残渣物」との正式な鑑定書類が出る。

11月25日　刑事局内で検討会。今後の方針と基本計画を作る。まず山梨の元看護婦事件で着手し、その後、宮崎事件で大々的に捜索、差し押さえの方針。人員見立て600人くらいで、実施は2、3か月先。

12月5日　基本計画を長野県警に説明。

12月6日　基本計画を山梨県警に説明。

12月12日　基本計画を神奈川県警に説明。

12月14日　稲葉室長が宮崎県警へ。基本計画を説明。
12月15日　基本計画について警察庁内で長官ら首脳による会議。「まだ解明が不十分。計画は改めて論議する」となる。ただ方向性としてはそれで進めることに。
12月21日　警察庁内で関係県との事件検討会。山梨、長野、宮崎、神奈川の4県警の担当者出席。

1995（平成7）年

1月1日　読売新聞朝刊が「山梨県上九一色村でサリン残留物を検出」のスクープ記事掲載。
1月4日　オウム真理教被害者の会の会長襲撃事件発生。
1月10日　山梨県上九一色村の施設をヘリで上空から撮影。防衛庁に持ち込み、「化学プラント。現在は停止中」との見解を得る。
1月12日　宮崎県警で再度、事件検討会。警察庁からは担当補佐が参加。
1月13日　オウム関係事件等の第2次全国調査。
1月17日　阪神淡路大震災。
2月24日　刑事局内で検討会。「3月初めにやろう」という方針で話し合う。「3000人必要」との線も出る。検察への協力要請も協議。
2月28日　警視庁人事異動。捜査一課長が金子和夫氏から寺尾正大氏に。公証役場事務長逮捕監禁事件発生。
2月末か3月初め　垣見局長と捜査一課長が最高検へ行き、捜査方針を説明。最高検での相手は山口悠介刑事部長ら。「サリン1トン、場合によっては6～7トンもある可能性も」、残渣物、オウム関与などを説明。
3月7日　警察庁刑事局と警視庁刑事部の幹部らによる検討会。寺尾警視庁捜査一課長が

3月15日　「公証役場事務長事件の犯人はオウム信者」と報告。警視庁は「まず都内の施設を捜索、その後上九一色村の捜索」の意向。対して警察庁は「一斉に上九一色村も」の意向を伝え、警視庁が持ち帰り。

3月16日　地下鉄霞ケ関駅構内でアタッシェケースの不審物発見。

3月17日　警察庁稲葉室長と警視庁寺尾課長が捜索の段取りについて話す。

3月19日　警察庁で警視庁との検討会。「3月22日に捜索実施」方針が出る。防衛庁に防護服など要請。

3月20日　東條會館で警察庁、警視庁幹部らが集まり、極秘に検討。22日に捜索することに論議あり。警視庁から、「一斉にではなく、まず都内、続いて上九」と「二段階で」の考えが示される（22日に一斉、は固まらなかった）。

この日、垣見局長、國松孝次長官と打ち合わせ予定（地下鉄サリン事件発生のため実施されず）。

同右日　地下鉄サリン事件発生。

3月21日　「22日に一斉実施」で警視庁が最終的に決断。

同右日　警察庁と防衛庁の現場責任者による合同会議（垣見局長は出ていない）。

3月22日　上九一色村のオウム施設を大捜索（大規模な強制捜査）。なおこの日は東京、山梨、静岡の三都県内にある施設計25か所を一斉捜索した。

同右日　垣見局長、国会の委員会に呼ばれる。

同右日　警察庁次長から、全国の警察本部長宛てに通達発出。

3月下旬　垣見局長は国会対応に日々を費やす（サリン立法など）。

3月30日　國松長官狙撃事件。
同右日　上項を受けて、垣見局長は関口祐弘次長と打ち合わせ。「情報は次長のところに集約する」とした。また、この場で局長から「狙撃事件の捜査は刑事部ではなくて公安部でやってくれたらどうですか」と提起。
4月2日　垣見局長、東京杉並の自宅から麹町の公務員宿舎に転居。
4月上旬から中旬　オウム教団幹部の逮捕相次ぐ。
4月23日　オウム幹部の村井秀夫が刺される（死亡は24日）。
4月から5月　週1回程度のペースで、野中国家公安委員長が刑事局長、警備局長を帯同して官邸へ行き、状況説明。
5月16日　教団代表の麻原彰晃こと松本智津夫逮捕。
6月15日　入院加療していた國松長官が職場復帰。
8月8日　国家公安委員会委員長交代（野中氏から深谷隆司氏）。
9月8日　垣見局長、警察大学校長へ異動（内示は1週間前）。

〔関係後史〕
1996（平成8）年8月20日　垣見氏、警察を辞職。

垣見隆とオウム捜査――ある警察官僚の出処進退

五十嵐浩司（元大妻女子大学教授）

元警察官僚・垣見隆を10歳年下の弟祐二は「誠実」「真面目」、そして「寡黙」の人と評する。とりわけ「役所のころがいちばん寡黙」だったという。

年が離れ、ある程度の年齢になるまでは「兄弟というよりおじさんのような」存在だったそうだから多少畏怖の念が入っているのかもしれないが、祐二は高専から大学に進み卒業後、中部電力でワシントン駐在や燃料等担当の役員を務めた。２０１５年には中部電力と東京電力が作った燃料調達・火力発電会社ＪＥＲＡの初代社長（～19年）にまでなっている。その人物鑑定眼は確かなものだろう。

垣見は静岡県でいま、人口・面積とも最大の浜松市で生まれ育った。浜松は「物づくり」の街である。「ヤマハ」「スズキ」「カワイ」といった世界的企業がいまも本社を置き、東京に本社を移した「ホンダ」もここで生まれた。

そうした「物づくり」の根幹には綿を使った伝統的な繊維産業があり、その伝統が育んだ技術の上にこれらの企業が生まれた。「スズキ」は元々織機メーカーだし、愛知県に本拠を置く「トヨタグループ」の出発点として知られる自動織機も浜名湖を挟んで対岸にあるいまの湖西市で生まれており、「浜松の技術から生まれた」と浜松市の総合産業展示館の解説は自負する。

「本を食べる」

垣見の父もその繊維産業の一角で、綿布を仲介する商店を共同経営者とともに営んでいた。家は市の中心地に近い野口町、いまの静岡文化芸術大学キャンパスの少し北側にあった。

浜松は駅に降り立ち周辺を少し歩いただけで、ああここは空襲で焼き払われた街だなとわかる。道路が広い、区画が整然としている。総務省の「浜松市における戦災の状況（静岡）」[i]によると、「27回に及ぶ爆弾、焼夷弾、機銃掃射、艦砲射撃の攻撃を受け」「市街地の92%が灰燼に帰し、被害を受けた人は市民の64%に上った」とある。当時、浜松には大きな陸軍基地があり、そこに航空隊の飛行場と陸軍航空学校があった。また、「物づくり」の伝統が軍需工場として生かされ、「スズキ」も「ヤマハ」も軍関連の物資を作っていた。

空襲で浜松駅周辺はとりわけ大きな被害を受けた。当時東側には織物の町工場や綿布を扱う店が密集し、南側はそうした工場などで働く労働者が多く住んでいた。野口町は工場や商店が集まる地区のやや北に位置する。垣見が1949年に自宅近くの小学校に入ったときには、まだ周辺には焼け落ちた建物といった空襲の爪痕が残っていたらしい。

小学校と、その後進んだやはり地元の中学校では、「平々凡々」「まあまあ、比較的おとなしくて目立たない生徒だった」というのが垣見の自己評価である。しかし、その後の秀才ぶりを見れば目立たないはずはなく、小中高と同じ学校に通った元市教育委員長の龍口伸子は、当時の垣見をたった一言、「神童!」と描写する。

小学校低学年のころ、垣見は学芸会でヤギの役を演じたことがある。ただ、「メエ〜、メエ〜」と鳴くだけの役だったと龍口は記憶する。その後、女子たちがひそかに垣見を「ヤギ」と呼ぶようになった。学芸会の役からついたあだ名だろうが、実は別の意味があった。垣見はヤギさんのように、教科書も辞書も、全部のページを食べてしまう、だから頭がいいんだ——というのだ。

その小学校の図書室にはいま、「垣見文庫」がある。10年ほど前、3回に分けて150

東小学校にはいまも、「垣見文庫」が残る＝2024年11月、浜松市立東小学校提供

万円分の本を贈ったのだ。「いまのぼくがあるのはこの図書室のおかげ」との思いからである。

中学には小学校の同級生がほぼそのまま進学し1学年300人ぐらい、高校に進んだのはその半分ほどだった。そうした中で、とくに目立つようなことをするわけではないのに、キラリと光っていたのが垣見だったのだという。

「浜松の3K」

祐二も同じ小学校、中学校で学んでおり、古手の教員がみな、10歳上の兄のことを覚えていた。「非常に秀才」「とびぬけていた」というのが教員たちの記憶である。近所の「秀才一家」で知られる友人の兄が垣見とやはり

名門・浜松北高等学校（浜松市中央区）。浜松城に近い文教地区に位置する＝ 2024 年 10 月、五十嵐撮影

小中高とも一緒だったが、「全く勝てなかった」とこぼしていたとも聞いている。

その高校は旧制浜松一中の県立浜松北高等学校である。現在、県下ナンバー1の進学校であり、旧制中学卒の有馬朗人（1930－2020、物理学者、東大総長、文部大臣）を筆頭に著名な卒業生は数多くいるが、世界有数のジャズ・ピアニストである上原ひろみや、「東大法学部卒のジャズ・シンガー」で一時話題となった鈴木重子の母校といえば「ほほう」と思えるかもしれない。いまも強い「自主独立」の気風が、こうした異才をも生んでいるのかもしれない。

垣見は高校に進むとまず、絵画クラブ、次いで天文気象部に入った。とりわけ絵画は、本人は「才能がなくて全然ダメ」と言うものの長く描き続け、いまも美術館によく足を運ぶ。若手警察官僚として地方の警察に勤務した際に「夜回り」に来た記者と、その後仕事抜きの友人になったのも共通の趣味である絵画を通じてだった。

もう一つの趣味という読書は「乱読型」を自認する。高校生のころも決して「文学青年ではなかった」といい、岩波新書をよく読んだ。そのせいか、もしくは元々社会科学系が好きだったのか、政治経済や日本史・世界史、地理といった「社会科の科目」には相当自信があった。こうした方向性の上に東京大学法学部という進学先の選定があるのだろう。

高校時代はちょうど60年安保と重なる。だが、地方の高校までは東京の騒然とした空気は波及してこなかった。高校3年生のとき、国会前で東大生樺美智子がデモの最中に圧死して社会に衝撃を与えたが、それも新聞報道で認知した程度だったという。

聞き取りで触れられているように、垣見を更迭した國松孝次警察庁長官も浜松の出身である。実はその前の城内《きうち》康光長官も浜松出身という不思議な縁があり、垣見が刑事局長のころ3人を知る地元の人たちは「浜松の3K」と呼んで垣見の長官就任を期待していた。

もっとも、高校は城内、國松は浜松西高等学校だった。戦後、北高と西高の学区が分けられ、『浜松市史』によるとそれが1952年まで続いたらしい。

この「浜松の3K」の関係が、やがて垣見の人生を大きく変えることになる。

61年、垣見は東京大学文科一類に現役合格する。目黒区駒場の教養学部キャンパス内に当時あった駒場寮に入り、大学生活をスタートさせた。

下宿、教室、図書館の日々

駒場寮は「1室6人」が原則で窮屈なうえ、プライバシーなどほぼないに等しい。それでも費用があまりかからず、食事も食堂で安価にとることができたのは、垣見にとって極めてありがたいことだったろう。というのも、父の店がやがて左前になり、垣見が高校生だったころから大学にかけて経済面では相当に苦しかったと祐二は振り返る。垣見自身が口にすることはないが、大学時代は奨学金とアルバイトで生計を立てる「典型的な苦学生だった」というのが弟の見立てだ。

実際、垣見自身、大学3年になって文京区の本郷キャンパスにある法学部に進学した際に新たな奨学金を受けることになり、提供元の新日本奨学会が2003年に出した寄稿集で、こう振り返っている。[ii]

「（駒場では）駒場寮に入寮していたので、日本育英会からの奨学金で学生生活に必要な費用は賄うことができました。しかし、三年生からの法学部生活では、収容力のある寮も少なくて、下宿生活とならざるを得ず、アルバイトのために相当の時間を割かなければならないと覚悟していた」。それが偶々《たまたま》、大学でこの奨学会の張り紙を見て応募し奨学金の支給が決まったため、「下宿→教室→大学図書館→下宿との生活を続け」「本郷での学生生活に心置きなく法律の勉強をさせていただいた」という。気休めはときおり友人と囲む麻雀の卓だったらしい。「誠実」「真面目」という評価を納得させる回顧である。

ちなみに、大学に近い下宿では、後に東大総長になる佐々木毅や自治省（当時）から一時参議院議員を務めた上吉原一天といった法学部生が一緒だった。

このころはまだ60年安保の余韻冷めやらずというところで、法学部には後に参議院議長となった江田五月や、その盟友で衆議院議長を務めた横路孝弘といった社会党系の活動家たちがいた。60年安保で学生側の中心だったブント（共産主義者同盟）系も活発に動いていた。しかし、垣見は彼らの動きから遠く離れた「ノンポリだった」という。

ふと思うのだが、そこに苦学生ならではの自己抑制は全くなかったのだろうか。下宿、教室、大学図書館を回る几帳面な日々は、経済的なハンディを背負って学ぶ地方出身の秀才にとって、意識せずに選んだ唯一の選択肢であったことはないのだろうか。しかし、と思い直す。間もなく「公安取り締まりの元締め」でもある警察庁に入ることを思えば左派の学生運動と一線を画すのは当然だし、そもそも垣見にそれまでも、その後も、自らの考えを強く主張するような言動は見られない。

天賦の明晰な頭脳と生真面目な学修によって、垣見は大学4年の前期にキャリア官僚へのパスポートである国家公務員採用上級（甲種）試験（当時）に合格する。夏休みを経て、秋には司法試験に合格する。文系では最高レベルの学生が集まる東大法学部といえども、その双方に在学中に合格する学生はそうはいない。

尤も当時、垣見が所属したのは、まだ30歳を過ぎたばかりの刑法学者・藤木英雄助教授のゼミだった。やはり東大法学部在学中に国家公務員試験と司法試験にトップ合格し、法学部も首席で卒業したといわれる藤木の教え子なら、在学中に双方に合格というのは特段、言い募るほどのことではないという空気があったのかもしれない。

その藤木は、垣見が仕事先を警察庁に決めたと伝えた時、「おう、君、警察に行くのか」と答えたという。

垣見はなぜ、警察庁を選んだのか。

今回の聞き取りの中で、何度もその理由を問いただしたが、期待したような使命感や決意、こだわりを垣見が口にすることはなかった。

垣見はまず、就職先として「比較的安定したところへ勤めた方がいいかなと思っていた。銀行関係とか、公社・公団とか。それから公務員とか」と当時を振り返る。司法修習生となって将来、弁護士や検事、裁判官を目指す道は、身近にそうした人物がおらず馴染みがないうえ、経済面で自立するのに遠回りになるという意識もあったようだ。

国家公務員になるにしても「あまり経済官庁じゃなくてという気はあった」のだと言い、「回ったのは自治省（当時）と建設省（当時）、警察庁。厚生省（当時）は行ったかな」という。ということは、「旧内務省系？」。答えは「そうですね。どちらかといえば」と、これもそう明確な理由があるわけではない。

旧内務省系には「天下国家を論じる」気風が残るうえ、警察庁や自治省は若いうちに地方で「力」を持つポジションに就けるため、ある種の権力志向が強い官僚が多い印象がある。垣見にはそうした志向も見えない。誰か先輩の引きがあったのか。それとも経済的に冒険せず早く自立しなければならないという要請と、生来の「誠実」「生真面目」という資質のかねあいで選んだ「警察庁」だったのか。

数寄屋橋交番で見習い

上級（甲種）に合格した所謂「キャリア組」は当時、警察庁に入ると同時に警部補になり、警察大学での約3か月間の研修後、約9か月間、都道府県警察で「見習い勤務」に就く。これが終われば警部に昇進し、2年ほど警察庁に勤務した後、警視に昇進して都道府県警の捜査二課長（詐欺・汚職・背任・選挙絡みの犯罪などを扱う）や公安課長といった職務に就く。都道府県警察の一般の警察官なら早くても45歳前後、それも100人中1～2人しかなれない警視に、キャリア組は入庁3年余、多くは20代中ごろに到達してしまう。国の警察政策を担い警察行政の司令塔役を期待されるキャリア組は、それだけ特別なのである。

1965年4月に警察庁入りした垣見の「見習い勤務」は警視庁で、このうち約2か月の交番勤務は築地署数寄屋橋交番でだった。銀座のど真ん中、日比谷や有楽町駅にも近い数寄屋橋交差点にある。華やかだし、事件も少ない。「交番での実習」としては恵まれた環境と言えるかもしれない。だが、残念ながら警察幹部になってからは中々経験できない「警察官としての一般の人々との接触」は限られたものだったようだ。

2年の警察庁などでの勤務を経て、69年8月、垣見は山口県警捜査二課長に赴任し、約1年3か月後に千葉県警捜査二課長に転じた。成田空港反対運動が激しさの頂点にあったころで、71年には千葉県による2回の行政代執行が強行され、反対派との衝突で神奈川県警の機動隊員3人が殉職する事件も起きた。捜査二課も成田の対応に駆り出され、1年の半分ほどの日数を成田関係にとられる状態だったという。ただ、垣見は「現場といっても…いわゆる指揮官みたいな格好で」、逮捕者の「取り調べもしたことがない」のだそうだ。また、成田以外の事件や選挙違反も山口の比ではない多さだったという。ここも1年半の勤務で、72年6月に警視庁神田署長になった。まだ29歳の若さである。

この間、垣見は69年秋に東京在住の銀行員の三女と結婚した。世田谷区成城にある「若い人たちが交流する会」を通じて知り合った。

その後、垣見は75年8月―76年7月の警察大学校教授、76年7月―78年8月までの大蔵省(当時)出向、86年2月―87年6月の福井県警本部長を挟んで、警視庁捜査三課長(74年3月―75年8月)、警察庁教養課理事官(78年8月―80年8月)、捜査一課理事官(80年8月―82年2月)、人事課理事官(82年2月―84年6月)、同監察官(84年7月―85年3月)、捜査二課長(87年6月―89年3月)、刑事企画課長(89年4月―90年4月)、人事課長(90年4月―91年1月)、長官官房審議官(91年1月―92年9月)、長官官房長(92年9月―93年9月)と主に刑事畑、人事畑で経験を積み、順調に警察官僚としてのステップを上がっていった。そして、93年9月に警察庁刑事局長となったときには、「次の次の警察庁長官候補」と目されるようになっていた。

この経歴で目を引くのは、若い頃の「県警の課長」を除くと、福井県警本部長以外、地方の警察を経験していないことである。これはキャリア組の中でも異例だ。垣見が現場系ではなく「霞が関の能吏」としての働きが期待されていたことを物語るものだろう。

また、大蔵省に出向していた際は、主計局主査として防衛庁(当時)を担当した。ちょうど防衛庁が次期主力戦闘機としてマグダネル・ダグラス社（当時）のＦ15戦闘機の導入を図っていたときで、２年がかりでこれを実現させた。このときに防衛庁と培ったつながりが、一連のオウム事件の捜査で大きな意味を持ったのは、垣見の証言の通りである。

その警察庁刑事局長が、垣見の人生の最大の転機だった。

更迭と「正史」

「オウムに怯えて飛ばされた⁉／捜査山場で異動する垣見刑事局長の評判」。

１９９５年９月８日付で垣見が警察大学校長になった直後に『週刊現代』（95年９月23日号）に掲載された記事の見出しである。「彼のキャリアなら警察庁次長に昇格して当然だった…左遷ですよ」という「警察庁関係者」の言葉、「決断が鈍い」結果として、その後の假谷さん事件、地下鉄サリン事件を招いてしまったという「警察庁ＯＢ」のコメントを交え、垣見を「無口な学究肌」「会議でもめったに意見を主張しない」「線が細い官僚タイプ」と評してその更迭を報じている。[iii]

「左遷」は当人も認めているし、「無口」「学究肌」「官僚タイプ」という評価もこれまで見てきた垣見の半生からも想像がつくだろう。読売新聞で長く警察畑を担当した三沢明彦も『捜査一課秘録――オウムとの死闘、凶悪犯逮捕の舞台裏』（光文社、２００４年）で、

垣見を「どちらかといえば行政マン、法律マンタイプ」「手堅く慎重な官僚タイプでもある」と評している。[iv]

人物像はともかく、『週刊現代』は続けて國松長官狙撃事件のあとの垣見を、「警察庁詰記者」の証言だとして、SPをつけてドアを開けるのもSPにやらせていた、住まいもはっきりはわからない、などと書いている（本編143〜145ページ参照）。

このころ警視庁や警察庁詰めだった記者たちに尋ねると、まさにこの週刊誌の記事通りの「垣見評」が返ってきた。「決断ができない」「会議を仕切れない」。さらに長官狙撃事件後は自衛のため「鉄兜をかぶっている」という話も聞いた、という。地下鉄サリン事件が起きた責任は垣見にある、とまで言い切った元記者もいた。

２０２４年段階でも、警察庁を担当する記者たちの間で、垣見は狙撃事件後、「局長室に閉じこもって出てこなかった」「エレベーターに乗る時もSPを先に行かせた」といった話が語り継がれているという。こうした評価が垣見の「正史」となっている観がある。

今回の証言の中で、垣見はいつ、なぜ官舎に移ったのか、なぜ警備が厳しくなったのか、詳細に語っている。ナーバスになっていたことは垣見も認めており、それが周囲にどう映っていたのか。「エレベーターに乗る時も注意した」というのが、はた目には「SPを先に行かせた」と映らなくもない。実際、当時、国会で狙撃事件について回答する垣見の声が「震えていた」とテレビを観て思った浜松の幼馴染もいた。

だが、こうした垣見への評価が、「鉄兜」に顕著なように、実際の姿より相当に誇張されフェイク情報も交えて流布されたことは間違いないだろう。

一方、ある元警察幹部は、警察庁で刑事畑にもいたが、このような「うわさ」を警察庁内で「全く聞いたことがない」という。そういった事実があり、もしくはうわさが流れていたのなら、知らないはずがないのにとも語る。

では、この誇張されフェイクも混じる垣見評は、いったいどこで流れていたのか。

こうした評価を聞いた、という証言は実は警視庁側に多かった。警察官をはじめとする勤務者もカバーする記者も、警察庁より警視庁が圧倒的に多いため単純に比較はできないが、こうした評価やフェイクも交えた「エピソード」を記者たちに語ったとして具体的に名前が挙がったのも警視庁の幹部だけだった。垣見にしばしば会う幹部が怒りながら語れば、担当の記者は信用するだろう。それが週刊誌の情報源になっているように思える。

垣見証言にあるように、1995年3月、オウム真理教への捜索を巡って、「二段階方式」でまず着手できるところから捜索したいという警視庁と、上九一色村の施設を含む一斉捜索でという警察庁でぎりぎりまで調整が続いた。最終的には警察庁が主張した「一斉」となったのだが、そのために準備に時間がかかり、その間に地下鉄サリン事件が起きてしまったのは証言の通りである。このため、警視庁側には「早く捜索に着手していれば」という悔いが残ったことだろう。実際、ある記者は警視庁幹部が「捜索できたのに、警察庁に止められて…」と悔しさを語るのを聞いている。

そうした悔悟が、誇張されフェイクも混じる垣見評につながり、それが「正史」になっていく一因になった。そう推測するのは、決して的外れではないだろう。

垣見より11年早く警察官僚になった佐々淳行（1930－2018）は、2006年に出した『後藤田正晴と十二人の総理たち』（文藝春秋）で「二十四時間二人のSPが付き、昼間にトイレにも一人で行けず、夜は自宅に帰らずホテルを転々としていて、部下の軽蔑を買っているという」と書いている。週刊誌の描写と実によく似ており、誇張やフェイク情報が「正史」として流通していることをよく示している。

こうした垣見評が流布したことは、地下鉄サリン事件と國松長官狙撃事件の責任を問われ実質的に更迭された少なからぬ警察キャリア組の中で、まず槍玉に挙がったのが刑事局長の垣見だった〝こととどこかで絡んではいないのだろうか。

「反垣見」感情強まる

この更迭人事について垣見は、オウム事件捜査に一区切りがついた段階で「けじめをつける必要があった」と、刑事警察部門のトップである自分が責任を問われるのは当然と語り、責任を問われた理由として、①上九一色村などの捜索の判断が遅れ、結果として地下鉄サリン事件が起きた②首相官邸に説明に赴き、防衛庁との連携を図ったのが「政治的」とみられた③首相と警視総監の認識の齟齬を生んだと批判された④マス・メディアへの対応が悪かった――などを挙げている。さらに、都道府県警察や警察庁の各部署に、オウム捜査に力を入れるよう求めたのも反感を買っていたかもしれないと垣見は考えている。

その一方で、一面的な評価でまず刑事局長が責任を問われたという苦々しい思いも、言葉の端々から窺える。取り組んだオウム教団対策の全体像をもっと見てほしいという気持ちだったのではないか。

当時警察庁内に勤務した人物は、長官狙撃事件後、オウム捜査を指揮し、報告を聴き、官邸や国会にしばしば足を運ぶ垣見の姿に苦々しく思う向きがあったと証言する。そうした「反垣見」感情が、國松長官が95年6月半ば、退院して仕事に復帰すると一気に強まったようだ。

事件の深刻さに鑑みて、地下鉄サリン事件の責任を取るのは警察庁長官でも妥当だろう。それがなぜ、刑事局長だったのだろう。狙撃されてしまった長官、狙撃を防げなかった警視総監の微妙な心理については、聞き取り中で垣見自身が触れている。「狙撃された」こ

旧上九一色村のオウム真理教第2サティアンなどの跡地には1998年、公園が整備され、犠牲者を弔う慰霊碑がある。訪れる人はほぼなく、夏草だけが茂っていた＝2024年9月、山梨県富士河口湖町・富士ケ嶺地区で、五十嵐撮影

とも、「防げなかった」ことも責任をとるに値する、と指摘する元警察幹部もいた。それが地下鉄サリン事件でまずは垣見を更迭するにとどまった。

垣見が刑事局長になったのは、國松の前任、城内の人事だったようだ。将来の警察庁長官に、と見込んでのことだろう。「浜松の3K」について「おれたち3人の中で、いちばん頭がいいのは垣見だな」と城内が語るのを、浜松北高で垣見の後輩、ジャーナリストで元東洋大学教授の信太《しだ》謙三は聞いている。

城内、國松は良い関係だったが、それが、國松が警察庁長官になると変化が起きた。國松が城内の敷いた路線とは異なる人事をやり始めたため、両者に軋みが見え始めたのだ。

城内、國松とも武道をたしなみ、気骨があり、好悪もはっきりしている。両者の関係が微妙になる中で双方を知る信太は困りはてた。だが、非体育会系で「能吏」型の垣見はどちらにも与せず淡々としていた。

その中でのオウム事件対応。垣見と國松の間に次第に齟齬が生まれていく様は、垣見の証言からだけでもうかがえる。國松自身、狙撃事件の標的になった責任も含め進退を考えたと雑誌への寄稿で書いている[vi]が、結局はまず刑事局長に責任を取らせることになった。垣見を長官候補から外すというのは國松の判断であろうが、そこでは様々な力が働いたことも間違いない。

例えば、前出の『後藤田正晴と十二人の総理たち』では、垣見のような「腰抜けを出世させた」のは歴代警察庁長官で「後藤田さんもその一人です」という佐々の言葉に後藤田が怒り、「よほど怒ったとみえて、暫くすると内情は知らないが、警備・刑事局長、官房長、やがて警視総監、公安部長らの一斉更迭人事が敢行された」と佐々は書いている。あたかも、後藤田の力が人事にまで及ぶような書きぶりだ。実際、第6代長官の後藤田は、政治家に転じてからも警察庁に強い影響力を持ち続けたようだ。

当時国家公安委員長だった野中広務は、垣見が弁護士となった後も、しばしば連絡を取るなど近しい関係が続いた人物である。その野中が、オウム関連事件の報告に来る刑事局長時代の垣見に関し、「何を言っているか、わからない」と会合の席で言っていた、と元キャリア官僚は証言する。その真意はともかく、垣見の同僚を称賛しながらだっただけに、居合わせた人は垣見に厳しい評価が示された、と受け取った。国家公安委員会は、警察庁を監督・管理する機関である。委員長に警察庁の人事を決める権限はないものの、野中は政界の実力者だ。その発言はさまざまな忖度を呼ぶ。

こうした「力」も作用して、垣見の警察官僚としての命運は決まったのだろう。平時であれば有用な「能吏」の優れた資質が、剛腕を求められる非常時には物足りないものに映ったのではないか。

自治体警察という頸木《くびき》

では、垣見でなかったら地下鉄サリン事件は防げたのか？

垣見は聞き取りの中で「より早い時期に捜索するという判断ができなかったのか」と語り、警察庁内の関係部局や警視庁、各県警の考えを会議等でまとめることに時間を割くのではなく、長官に直接進言すれば「より早い時期」は可能だったのでは、と悔いている。それができなかったのは「そこまでの覚悟ができていなかった」とも。その後悔はわかるし、警視庁の一部幹部が垣見の責任をことさら言い募る気持ちもわからなくはない。

しかし、これは個人の資質の問題に帰してしまえる事柄なのだろうか。

確かに垣見は「慎重な人」（信太）で、手続きも準備も完璧にしなければ前に進まない。ただ、こうした資質は「優れた官僚」の必要条件でもあるだろう。そうした人材が官僚として求められてきた。また、その慎重さがあったからこそ上九一色村のオウム施設捜索等が、捜査員の安全を守りつつ遺漏なく進められたとも言える。

私たちがいま読み取るべきなのは、個人の資質の問題ではなく、聞き取りの中で明らかにされている「地下サリン事件の発生を許してしまった警察の機構と文化の諸問題」だろう。「坂本弁護士事件、松本サリン事件などの初動捜査で本腰を入れなかったり、科学的知見を無視して思い込みの捜査に走ったりした」「都道府県警察の間で情報がなかなか共有されない」「数々の不審な動きをみせていたオウム真理教を市民社会への脅威と認識するのが遅れた」「意思決定に時間がかかりすぎる」等々である。

これらの諸問題を検討するのが本稿の目的ではないが、一点、「都道府県警察の壁」について「94〜95年でも、まだこんな状態だったのか」と驚いたことは記しておきたい。その10年ほど前、新聞記者だった私は大阪府警捜査一課担当として警察庁広域重要指定114号事件、いわゆる「グリコ・森永事件」[vii]を担当していた。犯人らしき人物を何度も取り逃がし、未解決のまま時効を迎えた事件である。そこで痛感したのが大阪府警、兵庫県警、京都府警、滋賀県警といった共に捜査する警察間の連携がうまくとれていないことだった。戦後、日本が採用した自治体警察の仕組みは理解していても、同じ警察庁の指導・調整下にあるのだから、もう少し協力・協調できないのかとの思いである。この問題はその後、改善が進んだと聞いていたが、一連のオウム事件当時もそう変わっていないと感じたのである。

また、失敗があるごとに、大阪府警の、とりわけ非キャリア組の捜査幹部が口にしたのが「警察庁の指示」「警察庁が許さない」だった。当時は大阪府警幹部の「警察庁が…」を素直に信じ警察庁に憤ってもいたのだが、実はその言い訳は記者の追及をかわす方便だったのだろう。

聞き取りの中で垣見は、自治体警察の仕組みの中で警察庁は都道府県警察に具体的な捜査の指示などはできないと繰り返している。それが合意形成に時間がかかり、教祖一人の指示で即動き出すオウム真理教に後れをとった一因とも見える。自治体警察の枠組みは維持しつつ、どう機能を高めるか。一連のオウム事件後、全国を舞台に機敏に捜査ができる「日本版ＦＢＩ」の必要性について論議されたのは、問題が警察の組織と文化にあったことを物語るものといえる。

警察庁における一連のオウム事件捜査の評価は「國松長官がオウム事件の捜査強化のため（95年）２月１日付で、石川重明・茨城県警本部長を警視庁刑事部長に送り込み、それが奏功して警視庁が主導し事件を解明した」というものだそうだ。國松、次いで警察庁長官となる関口という主流の人々による事件捜査の正史といえるだろう。垣見が今回の聞き取りで初めて語った詳細は、いわばその「陰画」なのかもしれない。別の角度から俯瞰した事件捜査の詳細を「陰画」に押しとどめる力の動きの中で、誇張とフェイクの垣見評は有用だったのではないか。

聞き取りの中で垣見は、この更迭の際の思いを「配所の月を眺める」など淡々とした言葉で語った。退職勧奨に対しても「公務員であれば…同じように通る道筋」だと平静さを崩さない。常に沈着冷静、自らのことも客観視できる垣見らしい対応だ。

しかし、その垣見が珍しく語気を強めたときがある。退職勧奨の際にそれなりの「天下り先」を示されたが断った理由を尋ねられ、「言われるまま素直に、という気持ちではなかったですから」と説明したときだ（本編１９８ページ）。沈着冷静な垣見が思わずのぞかせた生の気持ちだったように思う。

「阿部一族」を想う

更迭の人事を告げられたとき、垣見は森鷗外の『阿部一族』が頭に浮かんだ、と語っている。江戸時代初期に細川藩で起きた出来事を小説化したもので、主君が死んだ際に殉職を許されなかった重臣が周囲の冷たい目に抗しきれず切腹。それが新しい藩主の不興を買い、一族が逆賊とされて滅びていく話である。忠孝を尽くすが、それが逆に藩主の逆鱗に触れる—その阿部一族の姿に自分を重ねたのだろう。

武士社会の「忠孝」の倫理観を称賛した作品ともみえるが、作家の平野啓一郎は逆に鷗外は明治時代も軍隊を中心に忠孝の価値観が引き継がれていることを批判し、「完全に国家的なイデオロギーに忠実に生きる人間」の愚かさ、滑稽さを描いた、とみる。[viii]「国家的イデオロギーに忠実に生きる人間」というなら、まるで警察という国家権力の組織、価値観、そしてそこでそれを忠実に守ろうとする人々を指しているようではないか。『阿部一族』の名前を挙げたとき、垣見は知らず知らず意識の下で、警察という組織の持つ非合理さや理不尽さを感じ取っていたのだろうか。

警察庁を退いた垣見は、収入が十分の一ほどになりながら司法修習生となり、2年間、自分の子どものような年頃の同級生たちと学んだ。実際、東大の同級生の子どもがいた。苦手なパソコンは、そうした若い同級生たちが助けてくれた。「イソ弁（居候弁護士）」とも呼ばれる「雇われ弁護士」も4年間経験し、その後弁護士事務所を立ち上げている。

弁護士を続ける垣見の、いま、いちばんの愛読書は英国の作家ジェフリー・アーチャーのロンドン警視庁警察官ウィリアム・ウォーウィック・シリーズ（2019年〜）である。

主人公のウォーウィックは、生まれも（父はサーの称号を持つ弁護士）、育ちも（パブリック・スクール出身）、頭もよく（オックスフォード大を蹴ってロンドン大キングス・カレッジで美術史を学び、教授に博士号を取るよう勧められる）、スポーツができ、性格も容姿も良く、やがて妻となる恋人は美しく賢い――と、まあ、なんとも底抜けに明るい設定なのだが、垣見はこのシリーズが心底好きなようだ。

祐二によると、垣見がこうしたエンターテインメント系の作品を好むようになったのは、警察庁を退いた後のことらしい。

作者のアーチャーは、将来この主人公が警視総監になる、と第1作で明かしている（もし、作者である自分がそれまで長生きできれば、という英国人らしいウィットを効かせながらなのだが）。垣見はその「ハッピーエンドの予定」を、実に愉快そうに話す。

垣見はもしかしたら、そんな大団円で終わる物語、とりわけその警察トップになる結末（予定）に、自らが果たせなかった夢の続きを見ているのだろうか。

そう尋ねると、垣見は「いや、そう思ってないですね」と言下に否定し、「（主人公が）苦労すれば、それが中（ロンドン警視庁）で評価されるというところはね、仕事がちゃんとね、素晴らしいなと思いますよ」と真顔で答えた。これもまた、垣見らしい。

（敬称略）

後注

i　総務省ＨＰ「一般戦災死没者の追悼／浜松市における戦災の状況（静岡）」
https://www.soumu.go.jp/main_sosiki/daijinkanbou/sensai/situation/state/tokai_03.html
（２０２４年10月21日検索）

ii　新日本奨学会『中原伸之様の古希を祝う』（２００３年）pp.51-52

iii　pp.58-59

iv　pp.54-55

v　刑事局でオウム捜査を担当したキャリア組の中では、垣見より少し前に専従班の稲葉一次室長が警察庁の交通指導課長に異動した。

vi　國松孝次「屈辱を噛みしめた三発の銃創」『文藝春秋』（１９９７年6月号）p.109

vii　１９８４年3月、江崎グリコ社長が兵庫県西宮市の自宅から誘拐されたのを皮切りに、森永製菓、丸大食品などの食品企業が次々に脅迫され現金を要求された事件。「かい人21面相」を名乗る手紙が企業とマス・メディアに次々に届き「劇場型犯罪」と呼ばれた。

viii　平野啓一郎、金杭「『阿部一族』から読み解く、森鷗外の魅力」『Advanced Time』（小学館）
https://advanced-time.shogakukan.co.jp/9703（検索日「参考文献」参照）

垣見証言の意義

吉田伸八（朝日新聞編集委員）

オウム真理教をめぐる警察の捜査はどういう判断のもと、どう進められたのか。1994年から95年にかけてオウム教団による重大な事件が相次ぎ、捜査が大きく動いた時期に、警察の刑事部門トップの警察庁刑事局長として、捜査の全体を掌握し、方向、方針を決める立場にあった人物が垣見隆氏だ。私たちが、捜査の動きをたどり、評価するにあたって決して欠かせないキーパーソンと言って間違いない。その垣見氏が、当時の捜査全体について網羅的に、詳細に明らかにしたのは今回が初めてで、証言したこと自体、重い意味をもつ。自身の記憶に加え、当時の部下ら関係者への確認、手元に残る記録ももとにした証言だけに、その内容は正確で、客観性が高いと言える。

オウム真理教をめぐる捜査の全貌はいまだつかめていないなか、垣見氏の口から明かされたことで確認できた事実は少なくない。新たに分かったと思われる点があり、今回の証言によって捜査をめぐる動きがかなり整理されたと考えている。まずは以下に、節目となった動きや注目すべき出来事について、順を追って挙げてみる。

・94年6月に松本サリン事件が発生したあと、オウム真理教に対する警察の捜査の動きは水面下で進行していた。教団の関連会社がサリンの原材料を大量に購入していた事実が長野県警の捜査で判明したためだ。

・これを受け、警察庁刑事局は、オウム教団に関する事案を既に把握していた宮崎県警などと連絡をとり始めた。10月には全国の都道府県警察に対し、教団に関連する事案を報告させる第1次の全国調査を実施した。

・89年に起きていた横浜市の坂本堤弁護士一家行方不明事件（のちに殺害事件と判明）を捜査していた神奈川県警からの情報提供に基づき、警察は94年10月に山梨県上九一色村（当時）のオウム教団施設周辺で土壌を採取した。鑑定の結果、11月にサリン生成時にできる物質を検出した。これにより捜査の照準は一気に教団に合わされた。

・94年11月25日、刑事局の検討会で、オウム教団に対する捜索・差し押さえの「基本計画」を決定した。まず山梨県警が把握していた元看護婦監禁事件で着手し、その後、宮崎県警が把握していた旅館経営者営利略取事件で大々的に実施する方針となった。

・12月15日、警察庁首脳部が加わった「御前会議」が開かれた。しかし、捜査着手の結論には至らなかった。

・95年1月、刑事局はオウム教団関連事案に関する第2次の全国調査を実施した。

・2月24日、刑事局内での検討の結果、「3月初めごろに、『基本計画』の通りに着手する」との方針が固まった。

・2月28日、東京都品川区で目黒公証役場事務長が拉致される事件が発生した。警視庁が管轄する都内で把握された初めてのオウム教団に関する本格的事件で、警視庁が捜査にあたる状況となった。これを機に、教団に対する一斉捜索・強制捜査に向けた検討が加速していった。

・2月末か3月初め、警察庁の垣見刑事局長が最高検を訪れ、捜査状況などを説明した。

・3月中旬以降、警察内で連日のように会議が開かれ、オウム教団に対する一斉捜索の仕方や着手時期について検討が繰り返された。

・3月19日、警察庁と警視庁の幹部が一堂に会した場で、「3月22日に捜索着手の方向」となったが、着手の日時や段取りの最終決定には至らなかった。

・3月20日、地下鉄サリン事件が起きた。

垣見氏の証言で初めて判明したり詳細が分かったりした事実も少なくない。全国の警察にオウム教団に関する事案を報告させた1次と2次の全国調査、11月25日の「基本計画」の決定、12月15日の「御前会議」の開催などだ。地下鉄サリン事件の直前の警察内部での詳しい検討状況も明らかになった。証言により、オウム真理教に対する捜査をめぐる経緯がかなり整理され、全体像と中身が見えてくる。流れの中で、いくつかのキーとなる重要な動き、分岐点があったことが分かる。

オウム真理教による犯行との見立てのもとに警視庁が捜査し、未解決のまま公訴時効となった國松孝次・警察庁長官（当時）狙撃事件に関する証言も貴重だ。教団による一連の事件の捜査にあたった警視庁の刑事部ではなく、公安部が担当することになった経緯について、これまでの大勢の見方とやや異なる動きが示されている。

記者としてこれまで、オウム真理教事件の捜査に携わった警察幹部らから取材を重ねてきた。それらの取材で得た内容は、既に朝日新聞で報じたものもあれば、報じてこなかったものもある。以下に、垣見氏の今回の証言のポイントや節目となった動きについて改めて整理しながら、過去の取材で得た証言も可能な範囲で示す。突き合わせて複眼的にとらえることで、当時の捜査の姿がより浮かんでくるのではないか。

松本サリン事件のあと

1994年6月27日深夜、長野県松本市の住宅街で猛毒の神経ガス、サリンがまかれ、周辺の住人8人が死亡、約600人が重軽症を負った。オウム真理教関係の訴訟を担当していた長野地裁松本支部の裁判官の官舎が狙われた。

垣見氏の証言によれば、7月初旬には現場の採取物からサリンとの鑑定結果が出た。その後の長野県警による捜査で、サリンとオウム真理教をつなぐ線が浮上。7月下旬には、警察庁職員が防衛庁（現防衛省）の化学関係の部署を訪れた。

8月8日、坂本弁護士一家事件を捜査していた神奈川県警の磯子署捜査本部から、「オウム真理教が機関誌でサリンに言及している」などと連絡が警察庁にあり、庁内で検討が始まった。9月6日には、垣見氏が捜査一課広域捜査指導官室の稲葉一次室長に、オウム真理教を捜査対象にするよう指示。9月上旬から中旬には、旅館経営者の男性がオウム教団信徒の娘により教団施設に連行された事件を認知していた宮崎県警に連絡をとった。松本サリン事件を捜査中だった長野県警以外の警察に警察庁が接触し始めた動きだ。

10月4日、刑事局は全国の都道府県警に、オウム真理教に関する事案について報告を求める第1次の全国調査に乗りだし、同月12日に集約を終えて85件の事案を把握した。警察庁が教団に対する捜査を進めていくために何らかのとっかかりを得ようとする対応と言える。

10月24日には、宮崎県警の捜査一課長が警察庁に来て、旅館経営者連れ去り事件について検討を行った。「任意捜査は可能」とする県警に対し、警察庁は「強制捜査ができないか」と打診し、県警は持ち帰った。

オウム真理教に対する捜査の動きを加速させたのが、山梨県上九一色村の教団施設周辺の土壌からサリン生成時に出来る物質（残渣物）が検出されたことだ。9月末に坂本弁護士一家事件の磯子署捜査本部から刑事局に「山梨の施設で異臭事案があった」との情報が提供されたのを契機に、10月7日に松本サリン事件を捜査中の長野県警が土壌を採取した。警察庁科学警察研究所（科警研）による鑑定の結果、11月16日にサリン残渣物との正式な鑑定結果が出た。

松本サリン事件の捜査で、サリンの原材料を関連会社が購入していた事実に加え、この鑑定結果がオウム真理教とサリンとの結びつきを決定的なものにした。教団に対する捜査について具体的に検討を進めるべき段階に入ったと言える。

刑事局では早速、11月25日に検討会を開く。その場で大きな方針が定められた。各地で把握されていた教団をめぐる事案のうち、まず、94年7月に山梨県で信徒だった元看護婦が拉致されて上九一色村の教団施設内に監禁された事件で山梨県警が捜索に着手する。その後、宮崎県の旅館経営者拉致事件で大がかりな捜索、差し押さえを実施する。こうした方針を内容とする「基本計画」が作られた。垣見氏によれば、この時点では「着手時期は2、3カ月ほど先。捜索に要する人員は600人程度」と見積もっていた。

この「基本計画」について、警察庁は12月初めから中旬にかけ関係県警に順次伝えていった。長野県警、山梨県警、神奈川県警、宮崎県警といった順番だった。

そして、12月15日、大きなターニングポイントになり得たと言える場があった。警察庁で首脳部を含む幹部らが集まり開かれた会議だ。國松長官、関口祐弘次長、杉田和博警備局長、垣見刑事局長、南雲明久捜査一課長が出席した、いわゆる「御前会議」。長官室でおよそ1時間だったという。ここで「基本計画」について話し合われた。しかし、協議の結果、「方向性は理解するが、まだ解明が不十分で、捜索するのは時期尚早」と判断され、方針への了承、決定には至らなかった。垣見氏はそう説明する。

《國松元長官は2018年10月の取材で、この「御前会議」について、「会議をやったかどうか記憶していない。垣見局長がそう言うのであれば、あったのだろう」と答えている》

「御前会議」のあと、12月21日には山梨、長野、宮崎、神奈川の関係4県警の担当者が警察庁に集まって会議を行い、引き続き作業を進めていくことを確認した。

年が明けて1995年。元日の読売新聞朝刊が「山梨県上九一色村でサリン残留物を検出した」との内容のスクープ記事を報じた。94年10月に警察が土壌を採取し、11月に鑑定結果が出ていた件だ。

警察庁は1月10日、上九一色村のオウム教団施設をヘリから上空撮影し、画像をすぐに防衛庁に持ち込んだ。防衛庁の専門家の見解は「化学プラントで、現在は停止中」というものだった。

刑事局による検討の動きがさらに加速していった。1月12日、宮崎県警で事件について再度検討を行った。1月13日には、全国の都道府県警にオウム真理教関連の事案を報告させる第2次の全国調査を実施した。

2月24日、大きな節目の一つと言える動きがある。刑事局内で検討が行われ、その結果、「3月初めに『基本計画』の通り、山梨県と宮崎県の事件で着手する」との方針が固まった。捜索に必要な要員は「3000人規模」と見込んだ。

この直後、垣見氏と警察庁捜査一課長は最高検を訪れ、山口悠介刑事部長と担当検事に面会した。オウム真理教が松本サリン事件などに関与している疑いがあること、サリン残渣物を検出したこと、捜査の基本方針などを説明し、教団がサリンをトン単位で持っている可能性があることも伝えた。最高検側からは「分かった。できるだけ協力する」との回答があった。

《当時の山梨県警捜査幹部の話》

うちからも1994年の秋以降、警察庁に何度か説明に行っていた。警察庁が音頭を取り、関係する各県警が事件を持ち寄って、検討した。その中で、宮崎県の事件やうちの事件が何とかいけるのではないかと、スジのいいほうの事件に入っていた。うちの事件が第一候補とまではいかなかったが、二つか三つの事件で捜索に入ろうということだった。ただ、要は、捜索をして、サリンを見つけないといけない。サリンを作っている工場をはじめ、ほかのところも含めて七つも八つもあるところの全部に捜索を入れて、証拠品を見つけることができるのは、いったいどの事件による捜索によってだろうか。そう考えると、そういう事件はない。うちの事件だと、被害者が監禁されていたサティアンなどについては捜索、差し押さえができるが、上九一色村の施設全部について行えるのか。監禁容疑による捜索でサリンの材料を差し押さえることはできるのか。そうした点で、難しい隘路が

あった。捜査上の悩みがいろいろあった。〔2005年3月の取材に〕

東京での事件

この段階では、日本最大の規模と能力を有する警察である警視庁がオウム真理教に対する捜査にかかわることができなかった。管轄する東京都内で本格的な事案が把握されていなかったためだ。

しかし、実際は1月4日に港区内で、「オウム真理教被害者の会」の会長、永岡弘行さんが猛毒の化学剤VXで襲撃される事件が起きていた。垣見氏によれば、警視庁はこの事案について、事件ではなく自殺を図ったものと判断した。そのため、この事件で警視庁が教団への捜査に乗りだすことはなかった。

《当時の警視庁捜査関係者の話》

この事案については警視庁の捜査一課に特命班を作り、調べた。被害者から検出されたのは有機リン系の農薬との鑑定結果だった。もし農薬だとすれば、自分でのめる量ではなく、自殺だとは見なかった。ただ、捜査では被害者に犯人が接触した状況が出て来ず、事件性を証明できるものがなかった。そのため（事件か自殺かの判断を）保留にした。〔2

005年2月の取材に〕

そして、2月28日、東京でオウム真理教による事件が起きた。目黒公証役場事務長・假谷清志さんが品川区で拉致された事件だ。警視庁刑事部の捜査一課が教団に対する本格的な捜査に乗りだした。

一斉捜索まで

垣見氏の証言では、公証役場事務長逮捕監禁事件を受け、3月7日、警察庁刑事局と警視庁刑事部の幹部らによる検討会が開かれた。警視庁の寺尾正大捜査一課長から、「捜査の結果、犯人はオウム信徒と分かった」と報告があり、「公証役場事務長拉致事件で都内の施設をまず捜索した上で、その後、上九一色村の施設を捜索する」という考えが示された。これに対し警察庁から、『基本計画』にあるように宮崎県と山梨県の事件もあるため、一斉に上九一色村の施設の捜索をできないか」との意向を伝え、警視庁が持ち帰る形になった。

その後、3月15日、16日と連日、警察庁と警視庁の間でやりとりが続いた。17日の検討会で、「22日に一斉捜索実施」と一応の方針が固まった。ただ、この時点ではまだ、都内の施設を中心に捜索し、二次的に上九一色村の施設に入るという方針だった。

3月19日午後、双方の幹部らが集まった。警察庁から垣見刑事局長、中島勝利捜査一課長、稲葉広域捜査指導官室長ら、警視庁からは石川重明刑事部長、寺尾捜査一課長が出席した。捜索の日程は22日を前提にしながらも、警視庁側はやはり、都内の捜索を主体とし、そのあと上九一色村の捜索との二段階で、との意向だった。警察庁側と折り合わず、最終結論に至らなかった。

垣見氏によれば、翌3月20日に國松長官に報告して、一斉捜索する日時や段取りを警察庁として最終決定するつもりだった。が、その日の朝、地下鉄サリン事件が起きた。結局、捜索実施を最終決定したのは21日だった。22日朝から、オウム真理教の関係施設に対する大規模な一斉捜索が実施された。

このように、1月から3月にかけてオウム真理教に対する捜査をめぐる動きは慌ただしさを増していたが、いまだに判明しない部分も残されている。朝日新聞が2024年に行った警察庁への情報開示請求で、「松本サリン事件の捜査概要」と題する文書の存在が明らかになった。1996年2月に警察庁刑事局捜査一課が作成したこの文書では、95年の1月上旬と2月上旬にも何らかの項目が記載されている。黒塗りにされたため内容は不明だが、文書の記述の流れから見て、いずれもオウム教団に対する捜査の方針が書かれた可能性が高い。ただ、垣見氏はこの2項目について「特段思い当たる大きな動きはない」と言う。具体的になにがあったのか明らかになっていない。

94年の松本サリン事件のあと、警察庁はオウム真理教に対し照準を合わせていったが、この時期、東京を管轄する警視庁は公証役場事務長拉致事件をうけて本格的捜査に乗り出す前の段階では、教団にどう向き合っていたのか。

《当時の佐藤英彦・警視庁刑事部長の話》

警視庁刑事部長だった時に松本サリン事件が起き、根拠はないが「次は東京だ」と直感した。科学捜査研究所のコンピューターにサリンの基礎データを入力し、迅速な検出を可能にするなどの態勢づくりを急いだ。この準備が地下鉄サリン事件の際の素早い物質特定につながったと思う。

96年12月に警察庁刑事局長となり、事件全体を振り返ると、捜査の反省点が見えた。サリン事件の数年前から各地でオウム真理教をめぐるトラブルや事件があった。それらが個別にではなく、特定の団体によって引き起こされているとわかったところで、警察全体で捜査方針も含め対応を検討すべきだった。

90年に「真理党」として（教団元代表の）松本（智津夫）被告（元死刑囚）らが衆院選

に立候補し、異様に見える姿をさらしたが、このころに教団は急速に変質していったことが後にわかった。テロ行為の準備を始めていたが、警察は当時、そこまでの変化を予想できず、見過ごしてしまった。変質への視点が欠けていたことは甘かった。宗教団体ということもあっただろう。〔朝日新聞2005年3月12日付朝刊記事より。（　）内引用者注〕

《当時の金子和夫・警視庁捜査一課長の話》

松本サリン事件が起き、サリンとは一体何だと部下にひそかに調べさせた。化学兵器でプラントがないと作れないと聞き、異様さ、不気味さを感じた。その後松本サリンはオウム真理教の犯行ではないかと疑念を持ち始め、ヘリコプターを入手しているらしいとの情報も得た。「東京にまかれたら大変なことになる」と思い、自衛隊と連絡を取り、散布された場合の除染方法などを検討した。

ただ、東京都内でオウムによる事件はなく、オウムの情報もない。管轄権の問題で警視庁が横から捜査することはできなかった。〔朝日新聞2018年10月28日付朝刊記事より〕

これらの証言から、警視庁刑事部が松本サリン事件をうけて独自に動き出していたことが分かる。ただ、それはあくまで内偵や準備の着手にとどまっていた。

警察庁長官狙撃事件

オウム真理教に対する警視庁の一斉捜索から8日後の1995年3月30日の朝、國松警察庁長官が東京都荒川区南千住の自宅マンション前で何者かに銃で狙撃される事件が起きた。國松長官は一時、意識不明の重篤な状態となった。

この事件の捜査は、警視庁でオウム真理教をめぐる捜査にあたっていた刑事部ではなく、公安部が担当することになった。捜査はその後、迷走とも言えるさまざまな経緯をたどった末、未解決のまま2010年3月に公訴時効となった。時効に際し、公安部は、事件は「オウム真理教のグループが（松本智津夫）教祖（死刑囚）の意思の下、組織的・計画的に敢行したテロだった」とする見解を発表した。捜査で立件、訴追できなかったにもかかわらずオウム真理教の犯行だと断定する異例の対応は、強い批判を浴びた。捜査の混乱と結末に鑑みると、捜査を公安部が担うことになった経緯、警察庁と警視庁との間でどういうやりとりがなされた末の結論だったのか、解明が欠かせない。

垣見氏の証言では、警視庁刑事部は地下鉄サリン事件の捜査をしており、負担が重いので、公安部に担当してもらう考えを関口次長に伝え、同意を得た。杉田警備局長とも相談した上で、公安部に捜査してもらう方針を決め、垣見氏から警視庁の石川刑事部長に、警察庁の考えとして捜査を公安部に担当してもらうと伝えた。ただ、公安部が捜査すると最終的に決定したのはあくまで、トップの井上幸彦警視総監ら警視庁としての判断だという。

この経緯は、従来言われてきた決定のプロセスと様相がやや異なる。当時の複数の警察幹部はこれまでの取材に、公安部が捜査することは警視庁として決めたと説明してきたからだ。今回の垣見氏の証言により、警察庁としての検討、判断の状況が明らかになった。

《当時の警察幹部の話》

警視庁のなかで刑事部は地下鉄サリン事件をはじめオウムの捜査で余裕がなかった。警察庁も刑事局が手一杯な状態だった。井上総監の判断で、刑事部がやるのは無理だからと、公安部がやることになった。〔2010年3月の取材に〕

ところで、國松長官狙撃事件では、拳銃を使った現金強奪事件など数々の事件にかかわった中村泰・元受刑者が警視庁刑事部の調べに、「自分が撃った」と関与を認める供述をしたものの、立件に至らなかった。

垣見氏は聞き取りの中で、中村元受刑者について「捜査線上に浮上した時には警察を離れていて捜査情報を得ていたわけではない」と断った上で、「狙撃事件に関与した可能性は高いと思う」と述べた。刑事警察に長く身を置いた垣見氏のこの意見は興味深い。

刑事警察と警備公安警察

その公安部などの警備警察は、オウム真理教の事件ではどう関わりをもっていたのか。それを見る前に、警備警察について簡単に整理する。警備警察は、重要施設の警備や要人警護、災害対応といった「警備実施」の分野と、右翼や過激派による事件やテロ、スパイ・外事事件の捜査や情報収集を行う「情報（公安）」の分野に大別される。警視庁の警備部と公安部、道府県警の警備部、全国の警察署の警備課などで構成され、警察庁警備局が全体を統括している。警察庁によると、47都道府県警の全警察官・警察職員約29万人のうちの約1割が警備警察という。刑事警察の活動は原則都道府県費があてられるのに対し、警備公安部門の運用には国の経費が使われる。

警備公安警察は、構築してきた情報網を活用し、尾行や監視なども行いながら容疑者を絞り込むのが一般的な捜査手法だ。最終的に事件化するかどうかを証拠で判断するのは刑事警察と同じだが、犯人像や事案の全体像をあらかじめ想定した上で捜査することもある。犯罪につながり得る情報や端緒をつかみ、犯罪を予防する役割も担う。

垣見氏の証言からは、オウム真理教をめぐって警備警察がどう動いたのか、詳しい中身は見えてこない。警備局の幹部らとやりとりはあったものの、突っ込んだ内容ではなく、警備局が教団に関してどの程度の情報を収集し、どう対応していたか詳細は分からないという。

《当時の警備警察幹部の話》

１９９０年代になってからオウム真理教に関する色々な話が断片的に入ってきていた。ただ、当時はまだ、「米国が飛行機でガスをまきに来る」などと、漫画みたいなことを言っているおかしな団体という印象だった。宗教的な特性も持っており、公安としても見ていかないといけないと考え、早い段階から警視庁公安部などが資料を集め、組織の解明を進めてはいた。しかし、坂本弁護士一家事件にしても松本サリン事件にしても、現場の捜査は刑事警察が行い、当然、現場から積み上げる捜査をする。公安は情報収集やスジ読みの捜査をする。捜査として、双方の間にすき間が出来てしまった。公安は早くから大きな関心を持ってきたが、刑事と情報のやりとりができない形で、刑事と公安との間にある種の空白地帯が生まれてしまった。

警察としてなぜオウム真理教に対して、より踏み込んだ、突っ込んだ対応ができなかったのかと思う。刑事と公安がもっと緊密に動いていれば、違った形になったかもしれない。

〔2005年3月と24年12月の取材に〕

刑事警察と警備公安警察が両輪となって、もっと有機的、相互補完的に機能することがなぜできなかったのか。警察の組織上の部門を越えて、オール警察としてオウム真理教に対応ができなかったのか。そうした疑問を持たざるを得ない。

ここまで、垣見氏の証言などに即して、オウム真理教をめぐる捜査の流れを見てきたが、当時の警察トップ・國松元長官は捜査を全体的にどう振り返るのか。

《國松元警察庁長官の話》

1991年1月に警察庁刑事局長に就いた時、(1年2カ月前に起きた)坂本弁護士一家の事件について、「オウム真理教による疑いが強く、その線で捜査している」と報告を受けた。遺体を埋めたという投書に基づき神奈川県警が長野県の山中を捜索したが見つからず、確証が取れないとのことだった。その後もオウムに関する報告は随時受けていた。

93年に次長になり、94年6月に松本サリン事件が起きた。長官に就いたのはその約2週間後だ。事件の数日後、科学警察研究所の所長が「サリンです」と顔色を変えて報告に来た。日本には存在しないはずの毒ガスだという。そんなものをどうやって作るんだと思った。サリンは当時、日本では製造や所持をしても違法でなかった。

長野県警の捜査は第一通報者の河野義行さん（68）に向かっていたが、それは違うのではないかと。サリンの原材料の捜査などから、8月ごろにはオウムが関与している可能性があるという話になってきた。

9月ごろだったと思うが、山梨県上九一色村《かみくいしき》（当時）に日参して情報を集めていた神奈川県警の刑事が草が枯れているのに気づいた。施設周辺の土を採取し、鑑定したところサリンの残留物が検出された。それが10月か11月。もうオウムとサリンの関係は間違いないと判断された。しかし、どこでどう作っているのか皆目わからない。

次またどこかでサリンが使われるかもしれないとの懸念はあった。とにかく早く上九一色村の施設の捜索を考えないといけない。ただ、広大な施設の捜索となると何千人という人員が必要で、地元の山梨県警では無理だし、神奈川県警でも長野県警でも難しい。

刑事局、警備局の局長や幹部が集まり、何度も話した。態勢を考えると、警視庁が出ないことには難しいだろうというのが共通の認識だった。トラブルめいた事案はあるが、事件にならない話ばかりで、他の道府県で起きた事件ではっきり警視庁管内に及んだものもない。庁内の法令担当者に検討させたが、警察法上、警視庁に管轄権は生じず、警視庁を動かすわけにはいかないとの意見が大勢だった。

そこに95年2月28日、東京都内で目黒公証役場事務長が拉致される事件が起きた。井上幸彦警視総監に「頼む」と電話すると、総監は「やります。目下準備中です」と答えた。3月22日に捜索すると決めたが、先手を打たれ地下鉄サリンを起こされた。やられたと思った。

3月30日に自分が撃たれた。会話ができるようになると、集中治療室で次長からオウム捜査について報告を受けていた。〔朝日新聞2018年10月28日付朝刊記事より〕

反省点

オウム真理教をめぐる捜査について、垣見氏は聞き取りで、反省点や教訓を率直に語っている。いくつか挙げた反省点の中で、私が特に印象に残ったのは、坂本弁護士一家事件の捜査についての指摘だ。

坂本弁護士一家事件から3カ月後の1990年2月、長男が埋められている場所を示した投書が神奈川県警などに届いた。地図や現場の写真、手紙が同封されていた。のちに、教団元信徒の岡崎一明・元死刑囚が送ったものと分かるこの投書をもとに神奈川県警は現場を2回にわたり捜索したが、遺体を発見できなかった。県警はその後も教団の組織の解明を進め、松本サリン事件のあとには、教団の機関誌に「サリン」の文言が記載されていることやサリンに関する薬品を扱う教団関係の会社の存在をつかんでいたという。

垣見氏が反省点に挙げるのは、まず、岡﨑元死刑囚をめぐる対応など、坂本弁護士一家事件発生直後の時期の捜査がうまく進まなかったこと。さらに、松本サリン事件のあとに教団に照準を合わせた段階で、神奈川県警を捜査にもっと参画させ、同県警によるそれまでの捜査の蓄積を生かすことができなかったか、という点だ。

坂本弁護士一家事件の捜査について、発生後の早い時期の捜査状況を知る立場の当時の捜査関係者は次のように話す。

《神奈川県警の当時の捜査関係者の話》
県警は初動からきちんと捜査をしていたという印象を持っている。最初の段階から、県警は警察庁に事案と捜査状況を報告していた。オウム事件の捜査はほとんどを警察庁がグリップしていたと思う。〔2018年11月の取材に〕

《当時の警察幹部の話》
この事件が突破口だった。神奈川県警が高い捜査能力を発揮して、この事件さえ検挙できていれば、その後のオウムをめぐる事件の展開は違っていた。この事件が最初のつまずきだったと言える。〔2005年3月の取材に〕

当時の神奈川県警の関係者らは、早い段階から警察庁に報告し、警察庁の指示を仰ぎながら対応していた、と主張する。早期に検挙できなかった責任の多くは、実際に捜査を担った県警が問われるべきものだが、同時に、垣見氏が述べたように、警察庁にも、県警を突き動かせなかった点で、負うべき責任があると言えるだろう。

オウム真理教をめぐる捜査全体についての反省点はどうか。

《國松元警察庁長官の話》

当時の捜査に反省すべきところはあるだろう。（引用者注：オウム真理教が）宗教団体なので慎重になり過ぎた面があったかもしれない。管轄権が足かせになり、全国警察が一体となって捜査する体制が組めなかった。だから、広域の組織犯罪には長官の指示で対応できるよう警察法を翌96年に改正した。

事件の遺族や被害者の方々から「捜査がもう少し早く進んでいれば被害に遭うことはな

かった」と言われることもある。それには言い訳がましいことを言うつもりはない。ただただ申し訳なかったと言う以外にない。

松本智津夫(麻原彰晃)元代表(今年7月に死刑執行)を頂点とする組織が暴走したのがオウム真理教事件。最大の教訓は、組織犯罪の場合、警察は個人を追いかけるのでなく組織をどうとらえるかという点だ。〔朝日新聞2018年10月28日付朝刊記事より〕

《当時の警察幹部の話》

オウム真理教は1980年代から動きが目立ち始め、1989年に宗教法人として認証され、いっそう増殖していった。警察は、オウム真理教という団体の危険性をもう少し早くつかめなかったのか。危険性を認識するのが遅かったと思う。本来は警察全体として、当時の捜査や対応を詳細に検証し、反省点、課題を抽出して、生かしていかなければならないのに、それをやらずに来てしまった。〔2010年3月の取材に〕

《当時の別の警察幹部の話》

オウム真理教の犯罪性についてもっと早期に絞り込みや追及ができなかった大きな要因の一つに、警察の組織の問題があると思う。警察は巨大組織ゆえに、大事件が起きた時に情報が必ずしも迅速、正確、十分に上まで伝わらず、緊張感が薄められてしまうことがある。重大な事案になるほど、組織を統括、掌握し、方向付けすることが大切だが、オウムに対処するにあたって、それが果たしてできていただろうか。〔2024年12月の取材に〕

オウム捜査に思うこと

地下鉄サリン事件は防げたのか。この問いへの答えを明快に示すのは私には難しい。

ここまで見てきたように、オウム真理教をめぐる捜査では、節目となるいくつかの重要な場面があった。分岐点になり得たそれらのどこかで、もし、違った判断や対応をしていたら、その後の展開は変わり、結果も異なっていたはずだ。聞き取りに垣見氏が挙げたように、反省点は少なくない。

都道府県警単位の管轄権に基づいて法の執行にあたる日本の警察制度、そして当時の警察法の下で、1994年のうちに、あるいは95年のもっと早い段階で、関係の県警だけでオウム真理教の施設への本格捜索に踏みきるには、大規模な態勢を組む必要があることなど難しい事情があっただろう。東京都内で事件が起きる前の段階で警視庁が本格的に捜査に加わることも、制度の上でハードルは低くなかっただろう。仮に、警察がもっと早い段階で捜索に踏みきる道を選択する場合でも、刑事事件として被疑者を立件したり有罪にむけた証拠を積み上げていったりする作業や、捜索を行う場合の警察官らの安全確保のための準備を考えると、慎重な判断に傾かざるを得なかったのだろう。

そうした困難な環境下で、数々の要件をクリアする必要があったという事情は理解できる。しかし、それでも、もっと早期に、積極的に動くことはできなかったか。できたのではないか。いや、しなければならなかっただろう。

サリンという、かつて使用されたことのない化学兵器によって多数の死傷者が出た松本サリン事件がオウム真理教による犯行である疑いは94年秋の段階で相当強まっていた。教団側がまたサリンなどを使って次なる犯行にうって出る懸念を警察はもっと強く抱かなければならなかった。垣見氏を含む警察庁の上層部や関係部署の幹部、そして関係警察も含め、当時教団に対峙していた警察幹部らの判断次第で、別の対応をとり得たのではないか。危機感、意識は十分だったのか、その時々に、先を見据えた最善の判断をしたと言えるのか。

翻って、捜査の当事者である警察は、オウム真理教をめぐる捜査を自らどう省みてきたのか。

警察庁は、警察活動全体について紹介する『警察白書』を毎年刊行している。その96年版はオウム真理教事件を特集した。教団や捜査の動きをまとめた上で、「今後の組織犯罪対策を考える上での反省教訓とすべきものも多い」と記載した。高度な科学技術についての知識不足、特殊な閉鎖的犯罪組織についての情報不足、都道府県警察の管轄区域外の権限についての制限を挙げ、オウムの事件をふまえてそれぞれ取った対応を紹介している。

坂本弁護士一家事件を捜査した神奈川県警は、事件発生から約8年後、オウム真理教幹部らの逮捕から2年後にあたる97年9月、内部資料として捜査記録をまとめた。取材によれば、この記録では、「反省と教訓」の項を立て、初動捜査などいくつかの点について記載している。捜査が長期化した事情として、早い段階からオウム真理教が絡んでいる疑いが強く、オウム真理教を的にした捜査方針を立てたものの、宗教法人のため捜査が長期化したなどと説明。広域犯罪への対応の観点では、教団の主な活動拠点が他の都府県であるため、管轄権の問題で関係都県警に捜査を委ねざるを得なかったなどと記載している。その上で、この事件のように社会的反響の大きい重要な犯罪に対応するには、警察庁の指示による全国的な捜査体制を整備して管轄権を越えた捜査が行えるような規定が必要だ、と記している。

朝日新聞が2024年に警察庁に対し、オウム真理教事件の捜査に関する資料について情報開示請求した結果、現在も保管されていたとして開示された行政文書は、既に紹介した「松本サリン事件の捜査概要」（A4判10枚）などごくわずかだ。

前述した、当時のある警察幹部が指摘したように、警察はオウム事件の捜査について自ら徹底的に検証して教訓と課題を洗いだし、その後に生かす責任があると言える。しかし、捜査に携わった関係者らの話や資料をもとに、警察が捜査そのものを検証、評価したものの存在は、前記の『警察白書』と神奈川県警による記録以外、寡聞にして知らない。警察はその責任を果たしてこなかったと言わざるを得ない。一連の事件の発生や捜査の開始から30年以上が経過した今、どこかに残る資料や新たな証言から捜査の動きをつぶさにたどり、課題や教訓を引き出すのは極めて困難な作業となっている。

それだけに、捜査の「事実上の最高責任者で、最たる当事者」だった垣見氏から得た証言や見解はきわめて貴重なものだ。これをどう受け止め、どう生かすか、私たちも問われる。当時の捜査の実相をさらにつかむための試みを重ねていかなければ、との思いを強くしている。

終わらない事件と本書の位置——後記にかえて

横手拓治（淑徳大学教授）

本書は副題が示すとおり、地下鉄サリン事件から30年をへだてた時点で成された、警察庁刑事局長（当時）の証言録である。30年というのはアクチュアルな時期把握をはるかに超え、歴史的検証の対象にもなりうる長さといえる。加えて1995年からの30年は、変転のめまぐるしさから、時間感覚的には30以上であるかの印象を受ける。内外の政治・経済情勢の有為転変はもとより、ネット技術の進展で社会のありようは大きく変貌した。事件後に生まれた所謂Z世代が存在感を増し、95年には常識だったアナログ時代の価値観で通用しなくなったものは少なくない。「階段を上る」ペースともいえた95年以前の時代変化と比べて、あたかも「スロープを駈け上がる」様相さえあり、綾なされた年月のボリュームは圧倒的な距離感をわれわれに伝えてくる。

では、それだけの期間を経て、オウム事件は、いわば年表的存在になったのであろうか。２０１８年（平成30）７月に教団の元代表ら７人の死刑囚に刑が執行された。それも機に「過去」というステージへ移行したと見てよいのであろうか。いや、そうではない。根本的な謎が解明され、大方が腑に落ちる状態となり、ｆｉｎが記される歴史的ドキュメントに、事件はなっていないのだ。

立花隆氏は事件から20年がすぎた時点で書いた寄稿文「三月二十日」（『文藝春秋』２０１５年５月号）で、「いまでも、オウム事件とはいったい何だったのか、と問われたときに、その場にいる全員を納得させられるような大きな絵図を含んだ詳細説明はないような気がする」と述べている。立花氏は同事件をリアルタイムで追うメディア人のひとりとして、真偽不明のさまざまな情報を耳にしてきた。それから20年が経過した時点で、「いまでも『あれは本当だったのだろうか』と確かめられないままに終っているいろんな情報が耳の底に残っている」と感慨をあらわす。そして、「要するにオウム事件とは何であったのか肝心のところがさっぱりわからないのだ」とも書くのだった。深く関わったジャーナリストの言は重い。

そこからさらに10年の歳月が経過した。死刑執行という「区切り」もあった。しかし２０２０年代半ばに及んでも、立花氏と同様の感慨は、事件に関わった多くの者が抱いているのではないだろうか。納得できないところが根底に残っている。ゆえに事件は終わっていないのだ、と。

それはたとえば、メディアの扱いからもうかがえる。23年3月20日、長官狙撃事件の重要な捜査対象人・中村泰受刑者の逃走を支援したという元自衛官の証言スクープが、毎日新聞で一面の扱いにて掲載された。その中村受刑者自身の死去報道も、翌年に読売新聞や毎日新聞でなされている（24年5月25、26日）。25年1月にはFNNプライムオンラインで「【秘録】警察庁長官銃撃事件」の連載がなされ（執筆・上法《じょうほう》玄《はるか》フジテレビ解説委員）、その第2回（1月2日アップ）において中村に関する新たな情報が、栢《かや》木《き》國廣《くにひろ》・元警視庁公安一課長の話をもとに報道された。犯人を直近で見た長官秘書官に中村の写真を見せたところ、「間違いないです」と答えたという。これらはオウム事件に対する、未だフェードアウトしない関心、その一端を示す事例といえよう。朝日新聞では24年6月25日、警察庁内部文書「松本サリン事件の捜査概要」の入手をもとに、「松本サリン事件22日後、オウムが捜査で浮上」と一面で報道した（本書にも出てくる）。

また日本テレビでは24年3月5日、開局70年スペシャルドラマとして、報道局社会部が舞台の「テレビ報道記者」を放映した。オープニングで示されるように、「実際の出来事や当時の時代背景、記者や関係者への取材」をもとにした作品だが、その導入部は麻原逮捕を前にした1995年5月15日深夜の取材クルーの姿であり、地下鉄サリン事件、上九一色村オウム施設一斉捜索時の報道画像が続く。同作では葛飾女子大生殺人放火事件（1996）、秋葉原無差別殺傷事件（2008）、東日本大震災（2011）から近年のコロナウイルスの蔓延（2020）まで、社会をゆるがせた出来事が次々と登場する。その幕開けをオウム事件に設定したわけで（中途にも麻原逮捕、坂本事件公開捜査、岡﨑自供時の映像が入る）、構成上の都合もあるのだろうが、一種象徴的な扱いといえないか。

これらは管見による提示にすぎず、類似の事例は数多く探せるはずである。30年という大きな時代的変化を経てなお、オウム事件がいかに生々しいものであるか。時々刻々を対象とするはずの新聞・テレビメディア側が、遠い過去の出来事にもかかわらず未だ執拗に取り組む追跡行は、「肝心のところがさっぱりわからない」（立花氏）と同じニュアンスをわたしたちに伝えてくるようだ。筆者にはそう思えてならない。

より時間軸広く事象を扱う出版メディアに目を転じても、別の色合いで同じ動機のようなものが感じられる。オウム類書は事件自体を追うものから、個別のテーマ、関係者の回想・証言に至るまで相当数に及んでおり、一箇の事件ものでは点数の多さと幅広さは他を絶するレベルといえる。村上春樹氏による2冊のインタビュー集（『アンダーグラウンド』『約束された場所で』）もそのなかに含まれることはよく知られているが、世界大の読者を持つ作家が当事者に会って細部の話を聞かんとする一念に、「わからない」という感覚を後代の人びとと共有しようとする意志は見逃せないはずだ。その後さらに時をへだてたにもかかわらず、オウム事件に一部を含め言及した書物が、あたかも「過去」の時間厚に拮抗し、忘却と思考放擲《ほうてき》の誘惑に抗するかのように途切れなく刊行されている。その状況の一端は、本書でも取りあげた『外事警察秘録』（北村滋著）が23年12月刊だということからも知れよう。再刊も含めれば関係書の刊行気運はなおアクティブであり、本書もそうした状況下の一冊といってよい。

事件の「謎」「闇」が残響として30年後も襲ってくる印象、「わからない」という未解決観は、事件に関わるいくつかのポイントに対して向けられる。ただ大きなところとしては、次の二つが考えられるのではないか。

一つは、何らかの問題は抱えていようがわれわれとそう変わらない「普通の人」が、史上稀な犯罪集団に引き込まれていった事実である（たとえば村上春樹氏の関心もここにある）。その解読のために、麻原こと教祖松本のキャラクターをどう見るかは重要な問いかけとなる。

本書でも言及された大本事件検挙側責任者の証言書『白日の下に』（杭迫軍二著）は、

事件を「明治、大正、昭和にわたる犯罪史上、おそらくその質量ともに他に比類を見ないスケール」（自序）と位置づけたうえで、その原動力として教祖出口王仁三郎の人間像に注視している。著者杭迫氏は、調査活動や組織分析を前提に本人の取り調べをふまえて、王仁三郎の「すぐれた機智」「人心の意表をついて、その機微をとらえたる妙」「人情に鋭敏な点」に着目し、また「体力」「健啖ぶり」「艶聞のたえない私行」といった精力的活動性、「鉄面皮ともいえる構想の雄大さ」、さらには「小説的親しみ」「福音書的な将来の約束」「不可能を空想する人類共通のあこがれ」等を巧みに織り込んだ異様な表現力などを、人物の特徴あるいは特殊能力として挙げている（第一編第五章第五節「王仁三郎の素描」）。これらはあるいは麻原にもどこか通じる点があるのかもしれない。

その大本事件を素材とした小説『邪宗門』（高橋和巳著）も本書のなかに登場するが、同作では、教団「ひのもと救霊会」を率いてGHQに対し絶望的な実力闘争を仕掛けた教祖千葉潔について、その人間の内面を次のように描いている。「他者の犠牲にはならぬまでも、他者の苦悶を自分の心の痛みとして意識する存在でなければ、あらゆる理想主義的な計画は無意味なのだ。そして千葉潔は窮極のところ、それを信じることができなかった」、あるいは、「誰かに騙され欺かれて、人間信頼の気持を失ったというのではない。生れた環境や育った条件があまりにも恵まれなさすぎたからでもない。むしろ恵まれぬ状況の中にも、宝石のように光る真実と善意のあることを、恵まれなかった故にこそ彼は人並み以上に知っていた。だがまた、人間を信頼するにはあまりに恐ろしいものが、当の自分の中にあることをも、千葉潔は知っていた」（ともに第三部第一六章「供養塔」第三節）。麻原の精神の奥底に上記と通じる部分があったとして、それが信者に投影されていった過程を想定したくなるようなくだりともいえる。

オウム事件では「人間を信頼するにはあまりに恐ろしいもの」を抱いた教祖に、一度は深く没入し、事件の実行役となり、「普通の人生」を送ってもいいはずが本物の地獄ともいえる生き方をせざるを得なかった人間が、死刑囚を含めあまた存在する。彼ら・彼女たちの多くはのち麻原を否定していく。が、かくいう没入と拒絶のダイナミズムもまた、事件の「闇」の、とてつもない深さといえそうである。それはネット時代を迎え、SNS文化が行き渡った当代において、どこか近未来的なリアルさと身近な不気味さを発信している。その意味で30年以後もなお、おいそれと無視しえぬ問題といえ、いやむしろ、そう遠からぬ時期においてくり返される恐怖すら感じざるを得ないのだ。この観点からも事件は未だ終わっておらず、未解決の重要な要素をたたえている。

「わからない」をもたらす大きなところとして、二つめに、今度は教団と対峙した警察側に目を向ける必要がある。

紆余曲折はあったものの、警察は組織をあげてオウム教団と全面対決することになり、相手を壊滅させた。その過程において膨大な数の警察関係者が関わった。各人はそれぞれの持ち場で捜査に加わり、事件固有の困難さや組織人の苦悩等を抱えて事件に立ち向かった。そのこと自体が壮大な劇的要素を宿しており、証言類はわれわれに各部の真実を伝えようとしている。

本書制作においては既刊出版物が数多く参照された。各ポイントでの当事者による詳細なデータ、証言類は数知れず、取材による記事等が堆積している。そのなかで垣見氏が内容を検分し、また聞き取りメンバーが関心を寄せた書籍や雑誌掲載作は少なくないし、一部ながら本文中に表題を示したものもある。実際のインタビュー時において多くのコピーや書物、資料類が卓上に所狭しと積まれた光景は、文献的な「過去」の総量を推し測らざるを得ないものとして、筆者の記憶にいつまでも鮮明である。

ただし、警察側の動きについては、圧倒的な情報量が必ずしも状況の事実解明に繋がったとはいえない面もある。本書でも言及された『未解決事件　オウム真理教秘録』（ＮＨＫスペシャル取材班編著）では、第二章「なぜ強制捜査は間に合わなかったのか」中の一パートに、次のくだりがある（清水將裕筆）。「オウム事件には、非常に関係者が多い。捜査にかかわった人だけでも相当な数にのぼる。私自身、この時点でキーマンと思えた警察庁や警視庁の幹部や捜査員およそ三十人以上から話を聞いていたが、内容は同じでもその時の解釈や判断についてはそれぞれ微妙に違っていた」。この印象は、膨大な既刊書を前にして、本稿筆者も受け取らざるを得なかったのだ。証言収録を含め事件について取材をもとに構成した既刊書籍や記事等は、どれも真実に迫ろうとしたといえよう。しかしそれらを比較吟味していくと、実相把握の明快さが次第にはばまれ、なにか釈然としない思いに駈られてくることは一再でなかった。おそらくそれは、ソースと覚しき対象者の「解釈や判断」によって、実相との「微妙な違い」が生じてしまう経緯が背景にあるからではないか。

前記書で清水氏は続けてこう書いている。「大きな事件になるほど関係者が多くなるのは当然なのだが、そこには自称当事者と呼ばれる人も多く存在する。そこの部署にいたのは事実だが実は肝心なことを決定する場面にはいなかったり、あるいは伝聞をあたかも自分が当事者であったかのように話したり……。オウム事件についても、本当の意味での当事者は口が堅く、そうでない人の方が主観的なことも含めて話をするという傾向が強かったように思う」。こうした事情は大規模事件につきものとはいえ、オウムの犯罪は、社会をゆるがした歴史的事件であるにもかかわらず、あるいはそうであるがゆえに却って、この傾向を宿したまま長い時間が経っているように思われる。「微妙な違い」が生む釈然としない印象が、「わからなさ」のようなものを後代まで揺曳《ようえい》させている。警察という巨大組織特有の事情が横たわっている点は当然、察せられよう。一つ目の「わからなさ」とは様相を異にするが、ただこれもまた、「肝心のところがさっぱりわからない」を生み出す決定的な要因となっている。

さてそこにある「微妙な違い」の幔幕《まんまく》を超えて、実相に迫ることはできないか。この要請に応えることこそ垣見氏への聞き取りだと考え、本書が構想されたのである。前記清水氏も、「実はオウム捜査の重要な局面に全て立ち合った人物は、警察組織にも数多くない。垣見さんは、その中でも特にあらゆる判断を下し、捜査の方針を打ち出す責任者の立場にいたわけで、当事者中の当事者だった」と位置づけるように、垣見氏はわれわれが「わからなさ」の幔幕の向こうを見つめるための、鍵となる人物であった。

その垣見氏はこれまで、事件について口を閉ざしていた。その事情は本書の聞き取りのなかで、また巻頭言や収録文でも触れている。もちろん氏も警察の専門媒体・『警察学論集』第68巻第3号PP.1~41中で事件について語ったことはあり（談話取りは2014年10月29日の約2時間）、上記NHK番組のインタビューに応じてもいた（2012年5月放送）。わずかな例といえるこれら二者のうち前者は、地下鉄サリン事件20年を機にした掲載で、聞き手の板橋功氏（当時・公共政策調査会第一研究室長）と垣見氏の約6年にわたる会合・議論を経て実現した。垣見氏自身が「出来る限り事実に基づいて客観的に述べるように努めたつもりではありません」と発言している通りの内容であって、ひとつの成果として位置づけられる。本書の聞き取りのさいもすぐれた先行資料として念頭に置いた。もっとも同記録は「今後の警察政策を考える上での一助となれば」との但し書きがあり、垣見氏の当時の立場や心境もあって、一般の眼からすると、捜査や警察体制の現象面を題材にした言及が主軸に映る。他方、後者のインタビューはわずかな登場にすぎず、短いコメントにとどまっている（それにもかかわらずNHKに出たことは警察人の批判を受けたという）。これら過去の微々たるエピソードからは、本来、多く語るべきものがあるにもかかわらず、控えめにふるまわなければならなかった垣見氏の姿が却ってうかがえ、氏の複雑な立ち位置も推しはかれよう。

結局氏は、警察組織を辞めて野に下り、弁護士として四半世紀の歳月を重ねながら、ほぼ沈黙を貫いた。そうせざるを得ない面があったことも含め、本書中で、おもてに出なかった事由は幾度か述べられている。刑事警察の最高指揮官が事件への言及を避け続けたこと自体が、ある意味で、オウム教団事件の特異性を示すものといえないか。

その垣見氏が長い沈黙を破ってロングインタビューに応じてくれた。最も大きな「わからなさ」を解く機会が訪れたのである。本書正題の問いは、垣見氏が居心地の悪い思いをこらえながら沈黙せざるをえなかった問いでもあろう。そこへ向かい、探索の扉を開く機がようやく熟したともいえる。「当事者中の当事者」によって詳細に語られた内容の重要性は、公刊の意義を明らかにしており、オウム事件関係書群のなかに、はるかな後代となって本書を世に問う所以《ゆえん》もここに生じたわけである。黙を破って応諾を決断されたのは、垣見氏本人の責任観や、30年を経た時点に至り「いま話しておかないと」といった考えが強まったからだと察するが、友人である手塚和彰千葉大名誉教授・弁護士との信頼関係が背中を押したことはここで改めて記しておきたい。

また本聞き取りにさいしては、本文中に再三登場する稲葉一次《かつじ》・警察庁捜査一課広域捜査指導官室長（当時）からお力添えをいただいたことを特記する。稲葉室長は対オウム作戦の重要局面において、表舞台にあった垣見局長の参謀役として不可欠の役割を果たした。その稲葉氏は当時の経緯を備忘録として残しており、垣見氏はインタビューに臨むとき、稲葉氏本人との面談や電話の機会を通じてそれを確認し、情報を正確にすることができた。稲葉氏のご助力に感謝するものである。

本書は口述を基にした書物であり、その意味でオーラルヒストリーである。もっとも通常のオーラルヒストリーは、対象が多彩な社会的活動のなかで、いくつかの発言や執筆などを行っており、テキストや映像が残されている場合は少なくない。これを縦横に参照しながら聞き取りは実施され、ドキュメントとして残される。その点、垣見氏は、上記してきたように、本人発の資料が少なく、数日に亘る本格聞き取りに応じるのははじめてである。その意味で本書は、特異なオーラルヒストリーといってもよく、明かされた情報等は、30年という時を超えて、事件の経緯に光を当てることになったはずだ。もちろん、他の情報と付き合わせて真実を見極める作業はまだ残っている。ただそれは後学に任せるべきであり、むしろそのための好個の歴史的資料になることもまた、本書編者の望みであって、作成の基本的態度だと告げておきたい。

聞き取り対象の垣見氏は、本書でも記してきたように、オウム教団事案の重要局面において、集まった情報を集約し判断をくだすことで警察の全国的な動きを指揮したわけで、その行動の内実を辿りやすくするために、概ね時間の経緯をもとに話をまとめる方法を採った。聞き取りにさいして、垣見氏は細部まで事実本位に語ってくださり、他方、聞き取る側のスタッフは可能な限り客観的・中立的であろうと努めながら、事件解明史の里程標となる一書をめざして制作に取り組んできたのである。

本書が成立する端緒と経緯について、巻頭言（手塚筆）やはじめに（五十嵐筆）に示した点はくり返さない。本企画のオリジンは手塚弁護士であり、その声がけによって五十嵐氏、横手が集まり、追って五十嵐氏の紹介で吉田氏が加わり聞き取りチームが結成された。起業家でセリングビジョンの岡部秀也代表取締役には、手塚弁護士の秘書的存在として本企画の当初から参与していただいた。岡部氏は松本深志高等学校のご出身で、手塚弁護士とは先輩後輩の関係にある。

手塚弁護士および五十嵐氏、横手、吉田氏の肩書き等はすでに記載はあるが、追記すれば以下となる（関係者の敬称を略す）。

手塚和彰は千葉大学法経学部長、青山学院大学教授、国際交流基金ドイツケルン日本文化会館館長などを経て、弁護士となり、垣見氏の尚友法律事務所に所属した（有楽町にあった同所は2018年に閉じられ、のち両名は別々の事務所で活動している）。法学者として著名であるほかドイツ近現代史にも関心が深く『日独伊三国同盟の虚構』（2022）など著書は多い。大学人時代は行政上の委員も数多く務めており、そのなかには、江川紹子氏も参加した神奈川県人権委員会の委員長職もある。松本出身であり、松本サリン事件については、親しんだ法曹界への攻撃事案であるとともに生誕隣地の出来事であって、かねてより深い関心を抱いていた（巻頭言中にその記載がある）。今回のインタビューにさいしては、聞き取りに参加したほか、垣見氏と事前に書面でのやり取りを行っており、その結果も本編の記述に反映させている。

五十嵐浩司は朝日新聞の大阪社会部から国際報道畑に転じ、ナイロビ、ワシントン、ニューヨークなどに勤務した。テレビ朝日「報道ステーション」などでのコメンテーター歴もある。その後、大学に転じ、大妻女子大学では文学部長も務めた。現在は「危険地報道を考えるジャーナリストの会」の世話人の一人になっている。横手拓治は中央公論新社等で人文書を中心に編集者を務め、うち現代史・評伝関係では文庫版『回想十年』（吉田茂、全四巻）、シリーズ戦後史の証言（宮澤喜一『東京―ワシントンの密談』他）、書き下ろし『リクルート事件・江副浩正の真実』（江副浩正）、『大村智』（馬場錬成）などを担当した。文学・出版史関係の自著、小説翻訳書を持ち中公退社後は大学教員を務めている。吉田伸八は時事通信社を経て朝日新聞社に転じた。時事通信時代はロサンゼルス支局長などを務め、「神奈川県警不祥事取材班」のメンバーとして2000年度の新聞協会賞を受賞している。朝日新聞では社会部記者、編集委員として警視庁や警察庁を担当し、オウム事件でも長い取材歴を持つ。垣見元局長へのインタビューは主としてこの3人（五十嵐・横手・吉田）が実施し、テキスト化は五十嵐・横手が、整序編集作業は横手が軸となって行った。

聞き取りは2024年5月から6月にかけて都合4回実施され、追加のものも含めて10月まで続いた。それらを文字化したうえ、若干の整理を付したのが本書本編（第1～9

章）にあたる。付論として五十嵐による垣見人物考と、吉田による本聞き取りをふまえたオウム事件捜査の考察を収録している。ともにインタビュー結果の一部を用いながら独自取材も加味したうえで作成された。

刊行にさいしては、朝日新聞出版の宇都宮健太朗書籍部長、夏原一郎編集委員、書籍編集部の吉崎洋夫さんにお世話になった。ご校閲の方々および担当いただいた吉崎さんは、かなりの量に及ぶ事実関係の確認をはじめ、さまざまな制作局面で細やかな作業をしてくださり、また貴重な助言などもいただいた。みなさまには特段の謝意を表します。

本書がオウム事件の一面を明らかにし、これまでよく知られていなかった事情をのちの世に伝えることで、事件の解読と社会への貢献に繫がる一助になれたのなら、幸いここに尽きる思いである。なお末筆になりましたが、本書制作を通じ改めて事件に向き合った者として、犠牲になられた方々のご冥福を深くお祈りいたします。また事件によって大小の傷を負い、重い過去を抱え生きてこられた方々、そのご家族のみなさまの心痛に粛然たる思いを新たにしています。

2025年（令和7）1月記

参考文献

秋山昌廣著、真田尚剛、服部龍二、小林義之編『元防衛事務次官　秋山昌廣回顧録――冷戦後の安全保障と防衛交流』（2018年、吉田書店）
麻生幾『極秘捜査――警察・自衛隊の「対オウム事件ファイル」』（1997年、文藝春秋）
ジェフリー・アーチャー、戸田裕之訳『レンブラントをとり返せ――ロンドン警視庁美術骨董捜査班』（2020年、新潮社）
渥美東洋「オウム真理教関連犯罪に対する警察活動の省察――多角的・多面的考察」『判例タイムズNo.885　11/1』（1995年、判例タイムズ社）
飯田裕久『警視庁捜査一課刑事』（2008年、朝日新聞出版）
江川紹子『全真相　坂本弁護士一家拉致・殺害事件』（1997年、文藝春秋）
江川紹子「納得できない、いくつものこと」地下鉄サリン事件被害者の会『私にとっての地下鉄サリン事件――事件発生12年を迎えて』（2007年、地下鉄サリン事件被害者の会）
NHKスペシャル取材班『NHKスペシャル　未解決事件　オウム真理教秘録』（2013年、文藝春秋）
荻野徹「警察法の一部を改正する法律の制定の背景等について」警察大学校編『警察学論集　第49巻第7号』（1996年、立花書房）
垣見隆、板橋功「オウム真理教関連事件を振り返る　――事件捜査の教訓を中心に――　～垣見隆元警察庁刑事局長に聞く～」警察大学校編『警察学論集　第68巻第3号』（2015年、立花書

房）

垣見隆「山の上会議所での出会い」『中原伸之様の古希を祝う』（2003年、新日本奨学会）
垣見隆「有楽町の移り変わり〜過去から未来へ〜」『致遠　106号』（2002年、警察大学校学友会）
垣見隆「警察教養制度の変遷」『警察研究50（5）（593）』（1979年、良書普及会）
垣見隆「警察における職場教養をめぐる諸問題」警察大学校編『警察学論集　第33巻第4号』（1980年、立花書房）
鹿島圭介『警察庁長官を撃った男』（2010年、新潮社）
河上和雄『犯罪捜査と裁判――オウム事件を追って』（1996年、悠々社）
北村滋『外事警察秘録』（2023年、文藝春秋）
杭迫軍二『白日の下に――大本事件の真相』（1971年、日刊労働通信社）
國松孝次「不条理な犯罪の時代」地下鉄サリン事件被害者の会『私にとっての地下鉄サリン事件――事件発生12年を迎えて』（2007年、地下鉄サリン事件被害者の会）
國松孝次「屈辱を噛みしめた三発の銃創」『文藝春秋』（1997年6月号、文藝春秋）
警察庁『平成8年　警察白書　新しい組織犯罪への対応　〜オウム真理教関連事件を回顧して〜』（1996年、大蔵省印刷局）
警察庁刑事局編『逐条解説　サリン等による人身被害の防止に関する法律』（1995年、立花書房）
佐々淳行『後藤田正晴と十二人の総理たち　もう鳴らない〝ゴット・フォン〟』（2006年、文藝春秋）
島薗進『岩波ブックレットNO.379　オウム真理教の軌跡』（1995年、岩波書店）
高橋和巳作品集4『邪宗門　他』（1970年、河出書房新社）
高村薫『マークスの山』（1993年、早川書房）

瀧野隆浩『出動せず――自衛隊60年の苦悩と集団的自衛権』（２０１４年、ポプラ社）
治安制度研究会編著『オウム真理教の実態と「無差別大量殺人行為を行った団体の規制に関する法律」の解説』（２０００年、立花書房）
原雄一『宿命――警察庁長官狙撃事件　捜査第一課元刑事の23年』（２０１８年、講談社）
一橋文哉『オウム真理教事件とは何だったのか？――麻原彰晃の正体と封印された闇社会』（２０１８年、ＰＨＰ研究所）
平田広志「オウム真理教事件の教訓―とりわけ警察の責任」山口広、中村周而、平田広志、紀藤正樹『カルト宗教のトラブル対策――日本と欧米の実情と取り組み』（２０００年、教育史料出版会）
平野啓一郎、金杭「『阿部一族』から読み解く、森鷗外の魅力」『Advanced Time』（小学館）https://advanced-time.shogakukan.co.jp/9703　（２０２４年11月３日検索）
福田和也『なぜ日本人はかくも幼稚になったのか』（１９９６年、角川春樹事務所）
毎日新聞社会部『オウム事件取材全行動』（１９９５年、毎日新聞社）
御厨貴、牧原出編『聞き書　野中広務回顧録』（２０１２年、岩波書店）
三沢明彦『捜査一課秘録――オウムとの死闘、凶悪犯逮捕の舞台裏』（２００４年、光文社）
森鷗外「阿部一族」『鷗外歴史文學集　第二巻』（２０００年、岩波書店）
ロバート・Ｊ・リフトン、渡辺学訳『終末と救済の幻想――オウム真理教とは何か』（２０００年、岩波書店）
村山富市ほか『村山富市が語る　天命の五六一日』（１９９６年、ベストセラーズ）

（このほか多くの書籍、論文、新聞・雑誌・ウェブサイトの記事などに貴重な教示をいただきました。感謝いた

します）

垣見 隆（かきみ・たかし）
一九四二（昭和一七）年一二月、静岡県浜松市生まれ。一九六五年、東京大学法学部卒業後、警察庁入庁。警視庁神田警察署長、福井県警察本部長、警察庁刑事局長、警察大学校長などを経て、一九九六（平成八）年、警察庁退職。一九九九年、弁護士登録。現在、第一東京弁護士会所属弁護士。

地下鉄《ちかてつ》サリン事件《じけん》はなぜ防《ふせ》げなかったのか
元《もと》警察庁《けいさつちょう》刑事局長《けいじきょくちょう》 30年後《ねんご》の証言《しょうげん》

二〇二五年二月二八日 第一刷発行

著者 垣見隆
編著者 手塚和彰 五十嵐浩司 横手拓治 吉田伸八
発行者 宇都宮健太朗
発行所 朝日新聞出版
〒一〇四‐八〇一一 東京都中央区築地五‐三‐二
電話 〇三‐五五四一‐八八三二（編集）
〇三‐五五四〇‐七七九三（販売）

印刷製本 中央精版印刷株式会社

ISBN978-4-02-252031-9
定価はカバーに表示してあります